目覚めれば弥陀の懐

「小児科医が語る親鸞の教え」

駒澤　勝

法藏館

はしがき

私は広島県の山奥で育った。浄土真宗が盛んな地域柄、親鸞の教えに生きようとする人は多かった。私の両親も、わが子二人を戦争や病気で失ったせいもあって熱心に念仏を称えていた。そして私たち兄弟に念仏の重要性を執拗なほどに話し、事あるごとに念仏を催促していた。

しかし、兄姉同様私自身も、成長とともに次第に念仏や宗教の意味に疑問を感じるようになり、無視したり反発したりしていた。非合理に思え、雲をつかむような念仏の話よりも、いわゆる科学的思考のほうがはるかによく納得でき、頼もしく思えた。やがて大学に進み、小児科医になり、病院で病気の子どもを診療するようになると、それなりの充実感もあり、念仏からは遠ざかるばかりだった。

一方、いつの頃からか医学や科学に疑問を抱く場面に遭遇することもあった。それでもそれは自分の努力が足りないためだとか、今後の進歩で解決されるだろうなどと自分に言い聞かせて、どこまでも科学にすがろうとしていた。

しかし、あるとき特別の思いを込めていた受け持ち患者がついに亡くなったのをきっかけに、科学や医学の限界を強く感じ、科学や医療には根本的な何かが欠けているように思えてきた。その欠けたものが何かは全くわからなかったが、それは科学、医学の対極にあると思っていた念仏の世界にあるように思えてきた。

そう言えば医学は毎年、何百もの学会を開き、何万もの研究成果を発表して、わずか数年前に立てられた新説を次々に新しいものに置き換えている。今発表される新説も数年後には捨てられたり、打ち崩される運命にある。それに引き換え、仏教が説かれて二千五百年、親鸞が生まれて八百年、教えは少しも動じていないではないか。

この気持ちは、一気に私を宗教に引きつけた。私は『歎異抄』など何冊かの親鸞の書物を読み始めた。しかし解説書を頼りに読んでも、いずれも非常に難解でとても心の支えにはならなかった。それで、どうせいずれも難解なら、いっそのことそれまで避けていた『教行信證』に挑戦しようと考えた。

そこで星野元豊氏の『講解教行信證　教行の巻』に巡り合うことができた。今から三十二年前、三十五歳のときである。以来、新しい巻が発行されるたびに買い求めて、『講解教行信證』全六巻（法藏館、一九七七〜八三年、改訂版一九九四〜九五年）を寸暇を惜しんで読み続けた。同氏の『浄土の哲学』（同、一九七五年）と『浄土』（同、一九五七年）も手に入れた。しかし、いずれも難解至極で全く歯が立たず、遅々として進まない。何度も投げ出そうとした。そのたびに「もしや宝物を捨てるのでは」と思い直しては、また読み続けた。

そうこうしていた三十九歳のとき、ハッとわかるようになった。それまで無味乾燥だったのが、みずみずしく潤いに満ちて迫ってくるようになった。そして繰り返し読むたびに新しい発見があり、「そうだ、そうだ」と膝を叩き、そのページに付箋を付けている。今ではほとんどのページに付箋が付いて、付箋の意味がなくなってしまった。ほかの仏教書はほとんど読まない。ほかの人の講演や説教もほとんど聞かない。上記の八冊だけを、何回も何回も繰り返して読んでいる。

十年ばかり前から、わかったことをまとめてみたいと思うようになった。今は亡き星野元豊氏から「浄土真宗について述べよ」という試験問題をいただいて、それに対する答案を書くようなつもりで書こうと思った。以来、挑戦はしてみるものの、うまく整理ができない。書きたいことはいくらでもあるのに、みな羅列的になって、体系づけができない。構成を何回も変えてみた。そのたびに別の壁にぶち当たり幾度となく筆を折った。それでも思い直しては、診療の合間を見つけて細々と作業を続けてきた。最近とみに記憶力がおぼつかなくなり、いささか焦りを感じていた。時が経ち、ここに至ってどうにか形ができてきた。

今は、一方で「もし星野元豊氏に読んでいただけたらひどく叱責されるかも知れない」という不安もありながら、他方で「これで大筋正解のはずだ」という、うぬぼれもある。まだまだ書きつくせぬこと、うまく書き表せなかったことなどが多くあることは充分承知しているが、私の力はここまでである。

私が述べたことが正しければ星野元豊氏の著書に負うところが大である。間違いがあればまぎれもなく私の読み違えである。星野元豊氏の著書で確認していただきたい。そのようなわけで本書の引用の多くは星野元豊氏の著書からである。とくに『教行信證』はすべて『講解教行信證』の各巻の示したページから引用したものである。そしてその読み方はできるだけ同書にしたがった。また、同書の講解部分である解釈や検討から引用した文章は、(『講解教行信證』○○頁)として示した。それ以外の引用は原則として『浄土真宗聖典　註釈版』(本願寺出版部、一九八八年)によった。

ただ私がどんなに読み違えていようと、間違っていようと、そんな私が阿弥陀仏に抱かれ続けていることだけは間違いないと高をくくっている。

この本が、どこかの誰かが星野元豊氏の著書を熟読してくださることにつながったり、浄土真宗に目を向けてくださったり、あるいは親鸞の教えを理解するのに、いささかでもお役に立てば望外の幸せである。

目覚めれば　弥陀の懐

――小児科医が語る親鸞の教え――

目次

目覚めれば　弥陀の懐

――小児科医が語る親鸞の教え――

一章　何のために生きるのか

「念仏は一体何の役に立つのか」「仏教は戦争の問題も、貧困の問題も、健康の問題も何一つ解決しないではないか」「念仏と医療は両立するのか」「宗教なくして社会で成功した人はいくらでもいるではないか」「無宗教で何が悪い」「浄土にしても、阿弥陀仏にしても、本当に実在するとは到底考えられない」「これまでに南無阿弥陀仏を称えて浄土に往生した人は本当にいるのか、その証拠は何か」「『宗教はアヘンだ』とも言われたではないか」。

これまで、いろいろな人からこの種の批判めいた質問を受けた。科学的、合理的思考を基盤として、毎日真面目に生きておられる方々ほど質問は厳しい。それはある意味、当然の問題提起である。そして実は、私自身が抱いた疑問でもある。しかし、そこには大きな落とし穴がある。

これらは、仏教が言う念仏や浄土、阿弥陀仏ではなく、自分が頭の中に勝手に想像している念仏や浄土、阿弥陀仏を基にした問いである。

加えて、この種の質問や問題提起は、人生をいかに豊かに、快適に生きるかの視点から起こるもので、人は、人生を（快適に）生きて、その上で一体何をすべきかの視点が欠けている。

平素私たちはさまざまな問題に立ち向かいながら、皆あくせくと一生懸命生きている。人生を快適に、豊かに、長く生きることには全精力を費やしているが、多くの人は「一体何のために生きているのか」、あるいは「生きている間に一体何を為すべきか」についてほとんど何も考えず、全く問題にしない。


私は医師になって何年か過ぎた頃から、「私たちはなぜ病気を治療するのか」「なぜ病気のままではいけないのか」という漠然とした疑問を持つようになった。もちろん、誰もが健康で、快適に、長く生きたいという願望を持っていることは百も承知した上での疑問である。私が疑問に思ったのは、その願望をかなえることの意味である。

最初このことに問題を感じるようになったのは、何とかして「病気を治そう」「健康を取り戻そう」「長生きさせよう」と努める熱意の裏側で、「健康で長生きしなければだめだ」「病気ではだめだ」とまず初めに病気が否定されていて、そのことに何となく心穏やかでいられなかったからであった。生涯を不治の病とともに生きなければならぬ幼な子や、命を脅かすほどの重症疾患に喘ぐ子どもたち、あるいは幼くして命を失う子どもたちを思うとき、「病気でもよい」とする道がないとするなら、さらにその病に肯定的意味がないとするなら、納まりのつけようがないように思えた。

実際、世の中には自分自身や家族の長い闘病の末、「お蔭で他人の力添えの上で生きていることに気づいた」「安らかに呼吸できるありがた味を知った」などと、病気を人生の肯定的曲がり角ととらえる人も少なくないし、重い病を抱えながら、健康な私よりはるかに確実な生きる喜びをかみしめておられる人を幾人も目撃した。簡単に病気を否定してよいのかと自問していた。

でも、「治って何が悪い」の反問に、疑問は勢いを失いかけていた。そんな中、いわゆる生命倫理、脳死、超高額医療、遺伝子操作、延命治療などの話題が大きくなるにつれて、私には治療の「なぜ」の問題は次第に大きくなってきた。

医学の進歩は実に早く、目覚ましいものがある。開業して医学書や学会などに少し疎遠になったと思っていたら、十年少々の間に医学の進歩からすっかり置いてきぼりを食らってしまった感があるほどである。脇見をしているうちに、特急列車が通り過ぎて行ったような思いである。だから同僚や先輩の医師たちに、あるいは各分野の専門家に「あなたはどのように治療するのか」と尋ねると、以前は思いもつかなかったり、夢物語だった鮮やかな治療法をいとも簡単そうに回答してくれる。

でも彼らに「なぜ病気を治療するのか」と尋ねると、大方が「一体何を言うのか」とキツネにつままれたような顔をするのみで、誰も明快で納得のいく答えを出してくれない。「なぜ」については誰も問題にせず、未だ鈍行列車も辿り着いていないように思われる。

実はこれは、「人は生きて何をするべきか」の問題と大きく関わっていることに気づいた。そもそも人は健康のほうが生きやすいから健康を求めるのであって、健康になるために生きているのではない。健康は生きるための手段でしかない。私たちは生きるためにパンを食べるのであって、パンを食べるために生きているのではない。パンは生きるための手段である。そこから考えれば、健康はパンに相当する。その健康というパンを食べて何をするのかが問題である。

見受けるに、大多数の人がさまざまなパンを食べて、その上で何をすべきかを知らない。問題にもしない。

確かに私たちが生きるには、さまざまなパンが必要である。健康以外にも、衣食住から始まり、政治も経済も、教育も道徳も、産業もレジャーも、平和も必要である。場合によっては戦争さえも避けて通れないことがある。科学も、芸術もそうである。環境学も、工学も、商業学、農学、社会学も歴史学も、生きるためには、みな必要である。

でもこれらはすべて、自分や他人が生きるための手段であって、決して目的ではない。やはりパンに過ぎない。「他人のためになる仕事をする」「夢をかなえる」「それが目的だ」、などと言うのを聞くことがある。でもその仕事や夢も、たとえそれが世界平和の達成や、大政治家、医学的大発見、第二のイチローであったとしても、ほとんどは言うなれば自分や他人のためのパン、つまり手段であって目的にはなっていない。

どうやら私たちは、ただパンを作るためにのみひたすらパンを食べ、パンを食べるためにのみひたすらパンを作り続けているようなものである。パン作りとパンの交換、パンの分配には随分長けてきたが、パンを食べて何をするかは、少しも問題にしていないことになる。

そう気づいてみると、それまで患者さんにとっての意味を問う「なぜ病気を治療するのか」のいわば他人の問題が、「他人の作ったいろいろのパンを食べたり、他人にパンを提供しながら、私は生きて一体何をすべきか」という私自身の問題として不気味に襲いかかってきた。

おおよそ物事は、目的に価値があるのであって、手段そのものには価値はない。目的があって初めて手段に意義が生まれる。目的を達成する人生のみが意味ある人生ということである。もし私が目的のない人生を生きているとしたら、私がどんなに多忙な日を送ろうと、何に心血を注ごうと、結局、無意味な人生で終わることになる。もったいないことだ。

よく「命を大切にする」と言うが、それには二つの意味があると思う。一つは自殺、他殺はもちろん、健康を害するものを避けるなどして命を長く保つということ。もう一つは命を有効に使う、意義ある人生を送ることである。後者こそ本当に命を大切にすることになると思うが、もし生きている間になすべき目的がないなら、どうして命を大切にすると言うことができよう。「生きていなければこれこれのことができないから、命が大切だ」と言うのならわかるが、生きて特別何もすることがないなら、いくら命を長らえても命を大切にするとは言えないはずである。

私が生きていくために、社会、隣人、あるいは自然からたくさんの援助をいただいている。それを手段として、言わばパンとして食べて初めて生きることができる。しかし、もし私に達成すべき人生の目的がなく、ただ消費するだけに終わるなら、せっかく他人さまからいただいた貴重なパンも、全く意味がなくなってしまう。

また、同じように私がどんなに他人さまに尽くそうと、それがその人の目的達成に役立たなければ、何の意味もなくなる。

高度先端医療も、政治、経済、産業、教育、福祉などあらゆる社会制度も、それぞれの人の人生の目的達成に役立って初めて意味を持つ。

また人の生きる目的によっては、その達成には不必要な手段もたくさんある。人によっては、たとえば健康は必ずしも必要条件ではなく、高度先端医療、いや、単なる風邪の治療も不必要かも知れない。場合によっては、病気はむしろその人の人生の目的達成に不可欠かも知れない。


人生で肝心なのは、手段ではなく目的である。まともな目的があって意味ある人生である。しかし今の社会は、ほとんどの人がそれを問題にしていない。手段ばかりに気を奪われている。だから、いきなり人生の目的と言われても、大抵の人は、何を目的にするべきか、何がまともな目的か、皆目見当もつかないかも知れない。

第一、今の学校では小学校から大学までのほとんどが、生きるための手段のみを教え、研究し、生きる目的については少しも教えない。考えさせない。今は情報社会で巷には情報が氾濫するが、人生の目的についての情報はほとんどない。崇高な哲学には解答があるかも知れないが、凡人には手が届かない。

実はその答えこそ浄土真宗が教えてくれる。親鸞はいわば人生の意義を深く掘り下げ、人生の手段ではなく、目的とその達成法を教えてくれる。念仏や往生浄土とは一体どういうことかを教え、そしてそれこそが万人にとっての正当な目的だと教えてくれる。しかもその目的達成には努力も精進も不要だと言う。病気はもちろん、貧困も、戦争も何一つ目的達成の障害にはならない。それどころか、これらはすべて、むしろ目的達成に後押ししてくれる。何一つ無駄なものはない。一切があるがままで、人生の本当の目的を達成できると教えてくれる。それが浄土真宗である。

最初にあげた疑問は言わば的外れである。浄土真宗に商売繁盛、家内安全、あるいは健康やストレス解消、世界平和など人生の手段を求めても、それは得られない。たとえそれが得られなくても、すべての人が自分の人生を意義深い人生に変えることができる教えこそ、浄土真宗だと考える。

では、どうして念仏や往生浄土が万人にとって正当な人生の目的になるのか、そもそも念仏や浄土、阿弥陀仏とは一体何か。本書ではそのことについて私の考えるところを述べてみようと思う。

二章　生きている、輪廻転生するとはどういうことか

仏教では、「命」だとか、「生きる」「死ぬ」などがしばしば語られる。平素われわれは、これらのことが当たり前で明確な事柄だとしているが、実のところ曖昧なところが多い。さらに「死後の世界」などを語る人も少なくないが、その内容は人によって大きく異なるし、その論拠も到底、納得できないものが多いように見受けられる。

それでこれからの議論の混乱を避け、また理解しやすいように、まず最初に「生命体とは一体何か」「生きる」「生きている」「死ぬ」とはどういうことか、「輪廻転生とはいかなることか」などについて、私なりに整理しておくことにする。

一、生命体

われわれは生命体とそうでないものをほとんど瞬時に見分けることができるが、さて改まって「生命体とは何か」と考えると、答えは案外難しい。

犬や猫、小さな虫、顕微鏡の下に見える単細胞のアメーバも生命体であることがすぐわかる。一方、動くことはできるものの車や電車が生命体だとは考えないし、さまざまなことを表現することが可能なテレビも生命体だとは言わない。また最近の洗濯機は、洗濯物の量、生地の性質、汚れの程度に応じて最適の条件を選んで洗濯するなど、人間以上の機能を持っているが、それでもその洗濯機が生命体だと言う人はいない。少し前に話題になったロボット犬や最近ますます複雑に反応する二足歩行ロボットは、随分高度の判断能力や学習能力を備えているが、やはり生命体でないことは誰にでもすぐわかる。

また、誰か（仮にAさんとしよう）からほんのわずかの血液を採って顕微鏡で観察すると、無数の白血球がまるでそれぞれが一つひとつの生命体のように動く様子がよく見える。Aさんの身体には白血球以外にもさまざまな細胞が何千億個もある。この場合も、Aさんの命は一つで、Aさんに何千億もの命があるのではないことは誰もが認めるところである。

Ａさん全体が一つの生命体で、細胞の一つひとつは生命体ではない。

　このように人はいとも簡単に生命体と非生命体とを見分けるが、改めて生命体とは何かと問われると、普遍的な答えはかなり難しい。繁殖能力の有る無し、いわゆる有機物で構成されているかどうか、感情の有る無しなどいろいろ考えてみるが、いずれもぴったり合わない。

　結論から言うと、あるものが一つの生命体であるためには、少なくとも三つの条件が満たされていなければならないと私は考える。その三つとは、㈠静止したものでなく、動いたり変化する、㈡一つのシステムとして秩序を保って統合されている、㈢しかもその統合は外部からなされるものではなく、システム自体が行う、の三つである。ほかにも必要な条件があるかも知れないが、少なくともこの三つは生命体であるために不可欠だと考える。

　つまり、生命体とは、自主独立で、自律的にその秩序を保ちながら動いたり、変化するシステムということである。

　テレビ、洗濯機、それにロボット犬や二足歩行ロボットなどは秩序を保ちながら動いているが、それらは自ら自分の秩序を保っているのではなく、外部から統合されている他律である。自律ではなく他律である。これらが動いたり、判断したり、学習するのは自律的動作ではなく、プログラムなどを通して前もって仕組まれた外部からの指令に従っているのみであるし、その行動は外部から簡単に操作される。そういう仕組み、構造に作り上げられている。早い話、外部の誰かが主電源を入れなければ全く動くことさえできない。他律である。だから「生きていない」「生命体でない」のである。

逆に犬も猫も、アメーバでさえ自主独立で、自律的に秩序を統合、維持しながら動いている。外部からの働きかけに対して自ら反応することはあっても、操作されることはない。だから「生きている」「生命体である」と言える。

Aさんの例では、Aさんのすべての細胞は、Aさんという一つのシステムとして統合されていて、細胞がそれぞれ自主独立、自律していると言うのではない。個々の細胞は、Aさんの命の営みの現れである。だから細胞一つひとつは生命体ではなく、Aさん全体が一つの生命体ということになる。

二、誕生、死、生きる

生きているとは自律的にシステムの秩序を統合しているということだとすると、自己統合の始まりが生命の誕生で、自己統合の破綻が生命の終息、つまり死ということになる。

そして自己統合を続けることが、生きることになる。

さて、生命体は病気になったり、怪我をすると治ろうとする。生命体は今現在その秩序を統合しているというだけではなく、将来も統合し続けようとしている。つまり生きているとは、生き続けようとしていることでもある。免疫を獲得して病気を予防したり、よく使う骨や筋肉が太く、強くなるのも、学習して智慧を身につけるのもそうである。あらゆる動物の心臓の拍動や呼吸をはじめ、摂食、睡眠、排泄など生命活動は、今生きているためであると同時に生き続けるためでもある。人間の思考、会話、休息などの生命現象も自分が生きるため、生き続けるためである。

また、労働など直接的には他人のための行動も、大抵はその代償によって結局は自分が生きるためである。あるいは、たとえば世界平和のための献身的活動も、社会貢献も、見知らぬ人への親切も結局は自分が生きるため、生き続けるためである。他人を思っての譲歩や自己犠牲も、とどのつまりはわが身を守るため、自分の利益のためである。生きるとは利己的ということである。

生きるとは「生き続けようとしている」ことで、どこまでも利己的で、「わが身可愛さに徹する」ことだということになる。

三、統合主体

それで、生命体の内部にあって、自主独立・自律の中心的存在でシステムの秩序を統合・維持している存在を、統合主体と呼ぶことにする。仏教にある言葉ではなく、私の造語である。それは生き続けようとする根源的意識でもあり、利己心の根源でもある。もちろん個物的なものではない。

犬や猫、あるいはアメーバなど一つの生命体には一つの統合主体が存在し、逆に洗濯機やロボット犬、二足歩行ロボットなど非生命体には、その中に統合主体が存在しないということである。

Aさんの例では、Aさん全体に一つの統合主体があり、それが個々の細胞も統合していて、個々の細胞の内には統合主体はない。Aさんの統合主体はAさんの秩序の統合・維持が第一で、そのためには、たとえば白血球に細菌と闘わせて、白血球を犠牲にすることもある。白血球自体は利己的ではない。個々の細胞は一見それ自体が秩序を保つべく統合しているようで、その内に統合主体はなく、細胞の外部の、もう一段上の「Aさんの統合主体」の統合の下にあるということである。

四、統合主体は生命体の主体

さて、今ここに八十歳のBさんがいるとする。Bさんは赤ちゃんのときとは随分変わっている。しかし生まれて間もない赤ちゃんだったときも、成人して社会で大活躍していたときも、あるいは年取って腰が曲がり髪の色は昔とは違って真っ白になったときも、さらに認知症でまるで別人のようになっている今も、BさんはBさんである。この間、BさんがBさんであり続けるための何かが続いていたはずである。それも統合主体だと言うのである。Bさんの統合主体が主人公として変わらずに続いているから、BさんがBさんであり続けていると考えるのである。

同じように、怪我をして左腕と右脚をなくし、右脚を義足にしてからも、BさんはBさんである。統合主体は続いている。さらにBさんは、心臓と肺と肝臓と膵臓を移植でそっくり他人のものに入れ替えているし、自分の腎臓はそのままにして、新しく他人の腎臓を移植してもらっているとしよう。それでもBさんはBさんである。統合主体が変わらず続いているからである。Bさんの統合主体は、Bさんの臓器や細胞などが他のものに入れ替わっても、なくなっても、新たな臓器が加わっても、Bさんの主人公であり続ける。

そうだとすると、統合主体とはBさんがBさんであることの根本的根拠である。言い換えると、統合主体はBさんそのものということになる。統合主体とは主体である。「私の身体」「私の考え」などと言うときの私とは、統合主体を指していることになる。私、あなた、Bさんとは、それぞれの統合主体である。

生命体が生きているとは、食物を食べ老廃物を排泄し、酸素を吸入し炭酸ガスを排出し続けることでもあるが、それは、生命体の構成要素は常に入れ替わっているということである。髪、爪、髭は定期的に切り捨てている。菌が侵入すると白血球を犠牲にし、胃にがんができれば胃を切り捨ててでも生きようとするし、自分の関節が動かなくなればそれを捨てて人工関節に替える。しかし統合主体は同じものが続く。

生命体の構成要素は入れ替わっても、減少しても、増加しても、統合主体は変わらず続いている。

五、生物学的に死んでも、統合主体はなくならない

Bさんは、移植手術のとき麻酔で意識がなかったのはもちろんだが、自分では呼吸もできず、心臓は止まり、自力では体全体に血液を巡らすこともできなかったはずである。そ

れどころか、心臓や肺は何時間も体から取り外されていた。その間、すべて医療団や人工心肺などの機械に頼っていた。完全な自主独立、自律ではなかった。それでも、Bさんは手術前も、何時間もの移植手術中も、さらに手術後も、ずっと同じBさんであり続けた。途中、Bさんが別人に代わったわけでもないし、別人がBさんになったのでもない。Bさんの統合主体が続いていたということである。

金魚を日本からヨーロッパなどに輸出するときには、日本でいったん金魚を凍結させ、その状態で空輸して現地で再度融かすそうだ。そうすると金魚は全く元のように元気に泳ぎ回るという。凍った鮭が融けて元のように元気になる話も聞いたことがある。

冷凍している間は心臓が止まっているなど、常識的に考えられる生命活動はすべて停止している。それでも融解後また元に戻るということは、この間も金魚や鮭の統合主体は変わらず続いていたことになる。

現在の医療技術では不可能だが、理屈の上では人間でも同様のことが考えられる。たとえば肝臓病で心臓が停止し、今の常識では死亡したと考えられる場合でも、冷却保存技術などの進歩で、心臓停止後何日も、何週間も、さらに長期間もの後に悪い肝臓を新しい健全な臓器に入れ替えて、健康を回復することも考えられる。この場合も、統合主体は同じものが続いているはずである。統合主体はなくならない。

そうだとすると、まず生命体があってそれに統合主体が付属的に存在するのではなくて、まず最初に統合主体があって、それが臓器や細胞などさまざまな機能をする構成要素を生命体に統合・構成すると考えるほうが合理的である。

ならば、たとえば母親のおなかに宿る前の統合主体、生命体を構成する前の統合主体もあり得ることになる。それが男女の生殖能の力を借りて胎児となると考えられる。

同じように、生命体の構成要素が機能不全になって生命体の秩序の統合が不可能になっても、統合主体が消失する理由にはならない。だから、生命体の秩序が完全に破綻し、つまり生物学的に死んだ場合も統合主体はそれによってなくなるのではなく、主体、生きようとする根源的意識として続くと考えられる。

六、魂とは統合主体?

科学的思考に慣れているわれわれには非常に考えにくいことだが、俗に、死後も魂とか霊、霊魂が天国や地獄に行くと言われる。最近「千の風になって」という歌が大流行し、多くの人が受け入れたり共感したのは、人が理性的には不合理と承知しながら、感情的にはそのようなものを心に想定しているからであろう。

しかし、魂や霊が前述の統合主体を指しているのだと考えると、死んでも魂が存在するというのはつじつまが合うように思える。

天国、地獄、千の風が何を指すかの問題は残るが、死後、天国に行ったり地獄に落ちたり、千の風になって身近にいたりするのが統合主体だとしたら、一応、許容の範囲内である。

また虫も猫も、一株の雑草も、とにかくすべての生命体は一つの統合主体とそれに付属する細胞や臓器など機能的構成要素より成り立つとすれば、「一寸の虫にも五分の魂」と言うのも当たっていると考えられる。

七、唯識説と統合主体

仏教には唯識説《ゆいしきせつ》というのがあり、八つの意識を区別している。八識とは眼識《げんしき》、耳識《にしき》、鼻《び》識《しき》、舌識《ぜっしき》、身識《しんしき》の五識と、第六の意識、第七の末那識《まなしき》、それに第八の阿頼耶識《あらやしき》である。仏教語辞典や哲学辞典などによると、五識とは視覚、聴覚などいわゆる五官の感覚である。第六の意識とは現代語の意識とは必ずしも同一ではないが、五識の奥底で思考、感情、意思など思慮する心のことである。第七の末那識とは第六の意識の拠り所となるとても深い意識で、「我あり」と思う利己心の出発点である。常に自己を愛する心だということである。そして第八の阿頼耶識はさらにその奥にあって、末那識の拠り所でもあり、個人存在の主体で、過去の経験の蓄積場所だという意味で、蔵識《ぞうしき》とも言うのだと説明してある。

私の言う統合主体の生きようとする根源的意識、根本的利己心として説明したところが末那識、生命体の主体として説明したところが阿頼耶識に相当するのではないかと考えている。

八、輪廻転生

仏教では、生き物は輪廻転生《りんねてんしょう》を繰り返していて、前世では牛だった、魚だった、そして来世では鳥になる、虫になるなどと言うが、到底納得のいく話ではなかった。しかしこれまで説明してきた統合主体を考えると、仏教で言う輪廻転生も納得できる。

たとえば先ほどの例で、Bさんのすべての臓器を他人のものに入れ替えても、Bさんの統合主体が続くことは可能である。この際、移植される臓器がたとえばヒヒの心臓であっても豚の膵臓であっても、理屈の上では同じことである。もちろん現在の医学では不可能であるが、すべての臓器をヒヒの臓器に換えても理屈の上では同様である。そうするとB

さんは、移植後まるでヒヒのようになるはずである。

先ほど述べたように、Bさんの心臓が止まり、いわゆる生物学的には死んでもその統合主体はなくならない。その統合主体が、医学、医療ではなく、他の男女の生殖能、あるいは他の動物のオス、メスの生殖能を借りて、全く別の構成要素による新たな秩序ある生命体を作ることも考えられる。そして統合主体は以前のBさんの統合主体が続いているが、表面上は、Bさんが新たな赤ちゃんになったり、牛になったり、馬になったりするわけである。

この場合の別の男女、他の動物のオス、メスのことを縁と言う。ある生命体が生物学的に死亡しても、その統合主体は縁によって新たに誕生する人間の赤ちゃん、牛、馬、猫、犬などの統合主体として続くことが可能ということになる。これが仏教で言う輪廻転生だと私は理解している。

輪廻の主体が統合主体で、永遠の昔からさまざまな生命体に生まれ変わりながら現在に至っていることになる。統合主体は自分の歴史の情報の蓄積でもある。先ほどの阿頼耶識は過去の経験の情報を蓄える蔵識とも言われるが、阿頼耶識が私の言う統合主体に相当するとすれば輪廻転生も納得できる。

つまり、輪廻転生を繰り返す主体が阿頼耶識で、それがたとえば人間になったとき、その人間の肉体や精神を統合するのが末那識である。そしてその人が死んで、その阿頼耶識が新たに犬になると、新たな末那識が出現してその犬を統合するという具合である。

後の議論で出てくるのでここで説明するが、輪廻転生で、さまざまな生命体に「生まれては死に、生まれては死に」を繰り返すのを生死《しょうじ》を繰り返すと言い、あらゆる生きとし生けるもの、つまり衆生が生死を繰り返す身だと言われるわけである。

そこで、その生まれていくところを趣くところという意味で趣《しゅ》と言い、いずれも苦しみを免れないため仏教では悪趣《あくしゅ》と言う。五悪趣《ごあくしゅ》とは地獄、餓鬼、畜生、人間、天上の五種類の場所のことだ。人間や天上も含まれている。人間世界も苦しみが多いことは後でも説明するが、皆が認めるところであろう。天上とは欲望が満たされる世界という意味だという が、それも悪趣と言われる。それは、そこでもたとえば退屈などの苦しみがあり、たとえ健康でも、それが壊れる不安などもある。また、いずれ死ななければならないから、完全な安楽世界ではないという意味だと理解している。先ほどの五悪趣に修羅《しゅら》を加えて、六趣と言われることもある。

また仏教では、さまざまな生命体に生まれ変わる時、出生の形態が四つあって、それによって生命体を四つに分類する。それを四生《ししょう》と言っている。人間や獣のような胎生《たいしょう》、鳥や魚などの卵生《らんしょう》、ぼうふらや虫など湿地の中から湧き出るように生まれる湿生《しっしょう》、地獄の衆生のように過去の己の業の力によって生まれる化生《けしょう》の四つである。今の科学的思考からは湿生は納得できないが、科学が未発達の時代にはそう考えられていたのであろう。

仏教には三有《さんう》という言葉もある。三有とは生命体の在り方だと説明されているが、私の言う統合主体の在り方だと理解している。一つはこの現実世界である食欲・性欲などの強い欲界《よくかい》、二つ目は欲望が一切ない光明の色界《しきかい》、そして三つ目は形あるものが一切ない無色《むしき》界《かい》の在り方で、個々の生命体はこの三つのうちのいずれかの世界にいるという。やはり輪廻転生の世界のことである。

本有《ほんう》、中有《ちゅうう》という言葉もある。人間、馬、鳥など一つの生命体になっているときの統合主体が本有で、一つの生命体が死んで次の生命体として誕生するまでの統合主体が中有である。やはり統合主体の輪廻転生のことだと理解できる。

生命体、統合主体、命、生きる、死ぬ、輪廻転生を、このようにとらえることにする。

三章　誤解している『葉っぱのフレディ』

さて、前章で述べたことを前置きにして、私がよく患者さんや家族の方などに話す喩え話から話を進めたいと思う。

読者の皆さまの中にはご存知の方も多いと思うが、『葉っぱのフレディ』という絵本がある。カナダの哲学者レオ・バスカーリアの作で、日本ではみらいななさん訳、島田光雄さん画で発行されている（童話屋、一九九八年）。数年前にちょっとしたブームになった。森繁久弥さんの朗読を収めたＣＤも発売されていた。深い哲学的思想がなかなか的確にわかりやすく説明されていて、とてもよい本だと思う。

一、あらすじ

おおよそのあらすじはこうである。

一本の大きな楓の木があって、それに何千枚もの葉っぱがついているが、その一枚がフレディである。同じように葉っぱであるダニエルやベン、クレアらとともにフレディは春に芽が出た。つまり誕生した。夏には青々とした立派な大人の葉っぱに成長する。太陽の光を存分に浴び、さわやかな風を浴びてダンスを踊り、楽しく過ごす。そして秋が来ると他のどの葉っぱともまた違う、フレディらしい美しい黄金色に身を染めて葉っぱの人生を謳歌する。しかしいよいよ秋が深まるとともに、自分の死期が迫っていることを察知し、行く先を心配し不安に思うようになる。友達の葉っぱで物知りのダニエルが、「落葉した後、また木の栄養となって翌年の葉っぱを支えるのだ」と諭してくれる。そして冬の到来とともに、友達の葉っぱは次々に落葉する。つまり死んでいく。そして雪の多い冬のある日、フレディは雪の重みに耐えかねて、ついに落葉して一生を終えるという物語である。

二、フレディの間違い

この本ではフレディは擬人化されて、一つの生命単位として描写されている。ダニエルやクレアなどそれぞれの葉っぱは一つの生命体であって、それぞれ、その命を生きているように描かれている。つまり私の言い方をすると、葉っぱ一枚一枚に、それぞれ統合主体があるとされている。

実はこれは間違いである。もちろんストーリーとは別次元の話であり、作者の言わんとした趣旨とも全く異なる面でのことで、この作品を傷つけるつもりはさらさらない。

前章で述べたAさんと白血球の例と同じように、この場合も、一本の楓の木全体が一つの生命体であって、何千枚の葉っぱがそれぞれ一つの生命体であるわけではない。つまりそれぞれの葉っぱに統合主体があるのではない。葉っぱの一生は大きな楓の木の命の営みの現れに過ぎない。フレディが春に芽が出るのも、そして柔らかく薄緑色の葉っぱから、夏に青々として骨格がしっかりしてくるのも、次第に人の手のような形になるのも、秋に紅葉するのも、フレディが勝手にそうなっているのではない。楓の木がそうしている。フレディがそうなるのは楓の木の性《さが》である。楓の木はそういうものである。葉っぱは次元が一つ上の楓の木の統合主体に統合されているのであって、自主独立ではない。

それなのに、フレディは「自分は一つの自主独立の生命体である」と思い込んでしまっている。楓の木と無関係に自分が存在するかのように思っている。自分が自分の力で変化し、自分の力で存在している自主独立の生命体だと思っている。思っているというより、意識の深い深いところで当然視している。これは間違いである。つまりフレディには迷いの統合主体があって、それが本当は統合の主体ではないのに統合の主体だと誤って認識している。そういうこととして物語は展開している。

この迷いの統合主体から始まって、フレディは自分の秩序を守ることを最優先する。徹底的に利己的になる。いわゆる「わが身可愛さ」に終始することになる。フレディがフレディとして生きるとは生き続けようとすること、つまり「わが身可愛さ」に徹するということである。だから、フレディの喜びも、悲しみ、苦しみ、不安も、この誤った統合主体に出発点がある。

「誰よりも高く南向きのところに生まれて、十分な空気と太陽の光を満喫できる」という満足感も、あるいは逆に、「他の葉っぱが自分の日差しを邪魔する」とか、「虫に食われて息苦しい」などの愚痴も、あるいは、「やがて冬が来て自分は死んでしまう」などという尽きない心配や不安も、すべて迷いの統合主体から起こる。フレディの喜び、悲しみ、悩み、不安、苦しみなどはすべて、フレディが自身を一つの生命単位と錯覚し、その秩序を維持するに有利か不利かに起因している。

もしフレディがこの誤りから目覚めて、「自分は自主独立の生命体ではない、葉っぱの命を生きているのではない、楓の木そのものだ」と気づいたとする。すると独立した生命体ではなくなるから、葉っぱとしての喜びや不安、愚痴、苦しみは成り立たなくなる。今までとは全く別次元の世界が広がることになるはずである。ダニエルやクレア、そのほかの葉っぱも同様である。

三、私と阿弥陀仏の関係

なぜこのような話をするかというと、私と阿弥陀仏との関係が、このフレディと楓の木の関係に似ていると思うからである。何千枚の葉っぱと楓の木の関係が、生きとし生けるもの、つまり衆生と阿弥陀仏の関係に相当すると考えるからである。

読者の方が納得してくださるには、四章の議論を読んでいただくのを待たねばならぬかも知れないが、本当のところは、阿弥陀仏と私は別々の存在ではなく、楓の木とフレディのように有機的に一体である。何千枚もの葉っぱが個々の生命体でなく、楓の木として一つの生命体であるように、生きとし生けるもの、つまり衆生はそれぞれ一つひとつの生命体ではない。阿弥陀仏として一つの大きな生命体である。

大宇宙には生命体はたった一つだけ存在する。大宇宙のすべてをすっぽり包み込む、阿弥陀仏というたった一つの生命体である。われわれが普通、生命体だとみなしているたくさんの生物学的生命体は阿弥陀仏の命の営みの現れで、葉っぱが楓の木の命の営みの現れであるようなものである。にわかには信じられないかも知れないが、それが事実である。

ということは、私もあなたも一つの独立した生命体ではない。確かに一人の人間は生物学的には一つの生命体であるが、生物学的生命体は完全に自主独立の自律システムではない、本当の統合主体はないと言っているのである。もちろん、猫も、犬も、人も、馬も、そしてアメーバも同じである。自主独立の生命体ではない。フレディ、ダニエル、クレアなどすべての葉っぱは楓の木に統合されていて、自主独立でないように、すべての生物学的生命体は、一次元上の阿弥陀仏に包み込まれ、統合されているのだと言っているのである。木があっての葉っぱのような存在だと言うのである。

念のため申し添えるが、普通、統合されるとは自由が奪われることである。しかし、衆生の場合は阿弥陀仏に統合されているがゆえに、どうあってもよいという完全な自由が保障されるのである。このことは、この本を最後まで読んでいただくと納得してもらえると思う。

一般に人は、それぞれ自分は一つの自主独立の生命体であると考えている。考えているというより無意識のうちに当然視している。内にそう考える迷いの統合主体があって、そこからすべてが始まっている。フレディと同じである。

思考、感覚、運動神経作用、記憶、体温調節、呼吸調節などの脳の活動も、心臓の鼓動も、呼吸や消化活動も、腎臓など排泄の働きも、手足や体の動きもすべて、迷いの統合主体が自分を自主独立とするところから始まっている。いや、脳、心臓、肺、腎臓、手足などが体に備わること自体、そこから始まっている。そういうものとして生命活動のすべてが営まれている。

そこが根源的な間違い、迷いで、人間をはじめすべての生物学的生命体は、迷いの統合主体から始まる迷いの存在だということである。

四、阿頼耶識

さて、二章の七、八節で阿頼耶識《あらやしき》、末那識は生物学的生命体の統合主体だと述べた。しかし、生物学的生命体が阿弥陀仏の命の営みの現れで、真の自主独立の一生命体でないから、阿頼耶識、末那識は真の統合主体ではないことになる。にもかかわらず阿頼耶識、末那識は、統合主体であると誤認している。迷っている。言い換えると、「我という独立した生命体あり」と思う迷いの統合主体のことを阿頼耶識と言うのだと理解している。

本当のところは私にも自主独立の真の統合主体はない。私の阿頼耶識は、言うなれば迷った支社長のようなものである。本社の社長の統合下にあるにもかかわらず、支社を全く自分の思うがままに統合管理していると錯覚している支社長のようなものである。確かに支社の活動も社員も直接的にはこの支社長の統合管理下にあるが、支社長自身が本社や社長の管理統合下にあって、支社全体は結局のところすべて社長の管理統合下にある。支社も支社長も自主独立ではない。それなのに、この支社長は支社が自主独立だと錯覚している。迷っている。顚倒《てんどう》しているとも言う。私の阿頼耶識はそんな支社長のようなものである。私の場合だけではない。ほとんどの人間、すべての生命体について同じことが言える。

迷っているゆえ、あらゆる生物学的生命体はとにかく個として、自主独立的に生きること、生き続けることを最優先する。フレディが楓の木として生きるのではなく、葉っぱとしてわが身可愛さに生きるのと同じである。フレディがそうであったように、われわれの喜び、悲しみ、悩み、苦しみはすべてこの迷いから始まっている。自主独立的に生き続ける必要がなければ、われわれが日常感じている喜びも悲しみも苦しみも、成り立たないはずである。

しかも、自主独立的に生き続けることは容易なことではなく、必然的にさまざまな苦難を強いられる。輪廻転生でどのような生き物に生まれ変わっても、その生命体として自主独立的に生きるのは難儀を極める。人間として生きることも容易なことではないが、野生のいかなる動植物を想定してみても、生き続けるのは人間以上の苦しみがありそうである。外敵から身を守ることも、暑さ寒さなど自然界の障害を乗り越えることも、生きるための食物を得ることも、人間以上の苦難を伴うようだ。つまり、生命体が生きることは苦しみの連続である。前章で説明したように、いずれの生命体に生まれても悪趣《あくしゅ》の世界である（二四頁参照）。

寓話的に語られたり、空想画的に描かれている地獄もこの輪廻転生の世界だと理解できる。その地獄に代表される悪趣の世界をめぐる輪廻転生は、根源的迷いの阿頼耶識が続く限り、未来永劫に続く。

可能か不可能かは後の議論を待つとして、もし、迷いから醒めて、「自分は阿弥陀仏と一体だ」「一つの独立した生命体ではない」「個として自主独立的に生きる必要はない」と納得できれば、これまでの一切の悩み苦しみから解放されるはずである。また輪廻転生する主体がなくなるのだから、輪廻転生も終わる。そこが極楽浄土と言われるものである。

四章　阿弥陀仏とは何か

いきなり「生物学的生命体は本当のところはそれぞれ一つの生命体ではない、阿弥陀仏の命の営みの現れだ」、そして「私と阿弥陀仏の関係がフレディと楓の木の関係、衆生と阿弥陀仏の関係が何千枚もの葉っぱと楓の木との関係に相当する」と言われても、読者の方には雲をつかむような話かも知れない。第一、葉っぱと木の関係は視覚的にもとらえることができるから理解できるが、阿弥陀仏がなかなか掴みにくいために、私の主張をそう易々と納得してはもらえないだろう。

そこで阿弥陀仏、つまり全宇宙をすっぽり包み込んでいる大生命体について説明しなければならない。実はここが、仏教を理解する上で最も難しいところだと私は思う。この章が最も難しいところである。できるだけ砕いて述べようと思うので、少し辛抱して読んでいただきたい。難解すぎればこの章を飛ばして、最後に読んでくださるのも一案かも知れない。

一、現実世界と涅槃

1　世間智、差別智、無差別智

四十年以上も前、学生時代に読んだ本の中に書いてあったことだと記憶している。「世間智邪智、差別智《しゃべつち》盲智、無差別智《むしゃべつち》真智」というのが紹介されていた。智慧を三つに分けての説明だが、最初は何のことか少しもわからなかった。でも今ではよくわかるようになった。説明してみよう。

2　世間智

世間智というのは、たとえば、「あそこのスーパーの肉は安くて美味しい」とか、「○○党の主張している減税案は、低所得者にはむしろ負担増になる」「姑の機嫌を取るにはやはりプレゼントが一番」「一流のピアノ奏者に育てるには、四歳までに教育を始めなければならない」などの、いわば生活や人生を快適にするための、いわゆる生活の智慧という類のものと思われる。

それだけではない。人生をいかに生きるべきかの議論も、哲学的な人生論も世間智になる。多分、「老後の生活を安定させるための年金制度はどうあるべきか」「地域紛争を防止するにはＰＫＯはどこまで活動すべきか」「車の有害な排気ガスの低減には、新しい触媒の開発よりもエンジンの点火時期の改良のほうが有利だ」「肝臓移植用の臓器の保存には、保護液Ａのほうが、保護液Ｂよりも数段勝っている」「風力発電よりも太陽光発電のほうが費用対効果が大きい」など、政治、経済学、工学、医学などの高度な知的情報もこの世間智の部類だと思われる。最近最もホットな話題になっている、京都大学で開発されたｉＰＳ細胞の技術や知識も世間智である。

それで、これらはすべて邪智だと言うのである。最初のスーパーの肉の話や、姑の機嫌取りの話はいざ知らず、このような高度な学問的智慧さえも「邪智」だと言うのはなぜであろうか。

その理由は、この後の議論を読んでいただかないとわからないかも知れないが、これらは、人が本当の生命体を知らず、個々の人間がそれぞれ一つの生命体であるという根源的な誤りから出発しているからである。個々の生命体を守り、育て、いつくしむための智慧に過ぎないからである。楓の木として生きるのではなく、葉っぱとして生きるという根源的誤りを犯しているフレディが、太陽の光を少しでも多く受けるにはどうしたらよいか、冬が来ても落葉しないためにはどうすべきか、という智慧と同類だからである。

このことを理解していただくには、これから述べる大きな生命体、フレディの例では葉っぱではなく楓の木のことを理解してもらう必要がある。それでここでは、これ以上立ち入らないことにする。

3 差別智

次に、「差別智盲智、無差別智真智」について説明しよう。ものを認識するのに、差別智と無差別智があると言うのである。差別智、無差別智というのは、分別智、無分別智とも言われる。

たとえばここに時計があるとする。この時計と机やコップとを混同していては「時計」とは認識できない。「時計」と言うときには、「机ではない、時計だ」「コップではない、時計だ」と言うように、時計を机やコップと分別して、つまり区別して認識している。「時計」と言うだけでは、この目の前にある時計をまだ完全に特定し切っていない。普通、いちいち意識はしていないが、「柱時計ではない」「目覚まし時計ではない」と区別して「腕時計」と絞り込んでいる。この絞り込むことを限定すると言う。腕時計と認識しても、まだ限定し切っていないので、C社製ではない、D社製ではない、「E社の腕時計」と製造会社の面から区別、限定する。さらに平成十五年製、平成十六年製ではない、「平成二十年製のE社の腕時計」と製造年の観点からも他と区別する。これでもまだこの時計そのものを特定したことにはならないので、観点を変えて、定価、精度、防水機能、動力源、クオーツ式かテンプ式かなどからも絞り込む。それでもまだ特定し尽くしていない。それで今度は長さ、厚さ、幅、重さなどからも限定する。しかしまだ特定し尽くせない。色、形、肌触り、文字盤の字体、ベルトの装着装置などからもこの時計を限定して認識していく。さらに、化学的立場に立って、構成成分、分子構造、化学的性状などについても明らかにする。それでもこの時計は特定し切れない。

このように観点、立場を変えて、これを分析、限定し続けていって、この時計を認識しようとするのを差別智と言う。これは私たちの通常の認識のしかたで、私たち人間が頭でわかるのはいつもこの認識のしかたである。私たちが認識するとは分別することであり、限定することである。もちろん科学的認識も、抽象論的数学さえも、また文学的認識、哲学的認識もそれに当たる。音楽や美術、舞踊など芸術の認識もこの範疇である。

しかしこの方法だと、どこまでいっても確実に限定し切れない。先ほどの時計の例で言うと、どこまで突き詰めても「この時計」は特定し切れない。他と混同しているところが残る。認識に欠ける面が残り、認識し尽くすことができない。把握し切れないのである。限定し切れないとも言える。

しかも、正確さの点で不充分である。たとえば青だと認識しても実はごくわずかに赤の色調が混ざっていたり、五センチメートルだと認識していたが実は五・〇〇二センチメートルだったなど、正確さ、精度の点で常に不完全である。

さらに一番肝心なのは、差別智は機能、色、大きさ、化学成分、肌触りなどある立場、観点に足場を置いた認識だということである。この足場を置く認識は「観点、立場に執着した認識」とも言える。だからどんなに正確に認識しても、ある観点、立場からの認識であり、それはある側面を認識しているだけで全体を認識してはいない。

茶筒を真上から見て「円」と認識したり、真横から見て「長方形」だと見るのと同じで、せいぜい一面を認識しているだけの偏見である。差別智は偏見ないし偏見の積み重ねということになる。それをいくら積み重ねても全体像は見えない。だから真実は見えてこない。

私たちは随分科学を信頼しているが、科学的認識は差別智の範疇であるから、正確さに欠ける上に、たとえどんなに正確に認識したとしても、たかだかある一面のみを認識した偏見でしかない。科学はたかだか偏見の積み重ねでしかなく、真実を見ることはできないのである。科学的に新しい発見がなされるのは、それまでの無知の証明である。多くの学会で次々に新発見が発表されるのは、科学はほとんど何も知らないことの証明である。「差別智盲智」と言われるのはこのためである。これが差別智である。

4　無差別智

無差別智というのは、差別智のように区別、限定を重ねるのと逆の方向の究極にある認識である。先ほどの例だと、さまざまに区別するのを止めて「この腕時計」といっぺんに認識する。「この腕時計」と言うときにはまだ、「柱時計ではない」「目覚まし時計ではない」と区別しているから、つまり何かに執着しているから、この立場も離れて、「時計」と認識する。それでもまだ、「机ではない」「コップではない」と区別しているから、コップとか机とかの概念からも離れて、「これ」と認識する。「これ」と言うときもまだ、「あれではない」「それではない」という分別的立場に立っている。それでこのようなすべての立場、あらゆる観点から離れ、一切の執着を捨てて認識する。この認識が無差別智である。

すると色についての観点も離れるから、黒だとか赤だとかの区別はなくなる。形についての観点もなくなるから四角、三角、円などの区別もなくなる。同様に重い、軽い、何グラムの区別もなくなるし、製造会社も、経済的価値も消えてしまう。無差別智で見るとは無限定ということであるから、とにかく分別智で認識したものは何もかも、すべて消失する。自・他の区別もない。「ある」「ない」さえなくなる。無限定であるからもはや言葉で言い表せないのはもちろん、思うことも考えることもできなくなる。だからといって、実態が全くの無になるのではない。「ある」「なし」を超えて存在する。それを仏教では「空《くう》」と言う。

無差別智で認識すると、柱時計ももちろん空、目覚まし時計も空、柱も空、机も空ですべてが空となり、それぞれの違い、区別はなくなる。それぞれではなく、全体が一つである。無差別である。

このように一切の立場、観点を離れて、分析的過程を飛び越えて全体をいっぺんに無限定に空と認識するのを、差別智に対して無差別智と言う。

この無差別智は、ある観点に執着した偏見ではない。すべてのバイアスを除いて、一切を正しくあるがままに認識している。それで偏見に対して正見《しょうけん》と言う。「無差別智真智」と言われる所以である。

差別的認識を離れた認識であるから、「ああだ」「こうだ」という具体的な認識にはならない。知らずして知るもので、無差別智は無知であるとも言う。

逆にすべてをあるがままに、欠けることなく認識するから全知とも言う。「神様は全知全能である」と言うときの全知は、これでなければならない。

あるいは、それは大きな鏡がありのままの姿を映すのと同じように、真実をあるがままに認識するから大円鏡智《だいえんきょうち》とも言う。

またすべての立場を離れているから、重い―軽いだとか、大きい―小さいだとか、丸い―四角い、動く―動かないなど、何かに重点を置いた見方ではない。有るとか無いとかもない。良い―悪い、優―劣もない。自―他もない。何にも執着せず、すべてを平等に認識する。それで平等性智《びょうどうしょうち》とも言う。

一切の立場、観点を離れるとは、言葉を換えて言えば、この私を無にすることで、言わば無我の境地でものを見るのが無差別智ということになる。

5　無差別智は仏智

無差別智とは、真実を認識する真智である。しかしわれわれの認識はどこまでも差別智で、残念なことに、人間は普通、この無差別智をどうしても獲得することができない。われわれの思慮分別を超えたもので、無差別智は「言葉も及ばず、思慮も絶えたり」と言われるものである。これは仏のみ可能なことである。無差別智が仏の智慧、仏智《ぶっち》とも言われる所以である。逆にこの無差別智を獲得することは仏になること、成仏することでもある。

そのことはまた後でも述べるが、もちろん、心臓の拍動が止まって死亡するという意味ではない。

6　一切は空である

差別智で腕時計と認識されるものも無差別智では「空《くう》」、つまり真実は空だと述べた。無差別智では山も川も空であり、山と川の区別、違いはない。今あなたが頭に描いている山や川は差別智の作り出すもので、無差別智から言うと山という実体もなければ、川という実体もないことになる。空である。人も犬も牛も馬もすべて空であり、戦争も平和も、好景気も不景気も、病気も健康もすべて空で、一切が空ということになる。悩みも苦しみも悲しみも、逆に喜びも楽しみもすべて空である。

たとえば差別智では「部屋の中の机の上に時計がある」と言う場合でも、無差別智では机と時計の区別、差異はないから両者は一体である。机、時計と部屋も一体で、何らそこに境はない。部屋も建物も一体である。それは私の住む岡山市と一体で、岡山県、日本、地球、宇宙とすべて一体である。何ら区別はない。空間を超えて一切が全体的一である。時間的にも今と、三分前の区別もない。十年前も、十年後も、永遠の前も、永遠の後もなく、一体で差異はない。このように時間的概念もない。一切は時間を超えて全体的一である。一切は時間、空間を超えて全体的一である。

7　色即是空、空即是色

私たちが差別智で認識するあらゆる個々のものは、無差別智ではすべて空《くう》である。仏教の有名な言葉である「色即是空《しきそくぜくう》」とはそのことを言う。「色《しき》即ちこれ空なり」である。色とはわれわれが分別智で認識する時計、机、部屋、平和、好景気などのあらゆる個々の対象物、対象事象である。色即是空だから全世界、全宇宙には一切区別はなくすべて空で、二物はないことになる。

全宇宙には空がたくさんあるというのでもない。全宇宙はただただ純粋な、たった一つの広大な空ということになる。一切に何の区別もなく、虚空《こくう》だとか虚無《こむ》だとも言われる全体的一である。この全体的一のほかに存在するものはない。一切を含んで全体的一である。もちろん、あなたや私もひっくるめて全体的一の虚空である。無差別智から見て全体的一ということは、真実は全体的一であるということである。

その真実の全体的一を差別智という偏見、盲智で認識したところが、机や時計、柱、それにあなたや私ということである。ここのところを「空即是色《くうそくぜしき》」と言うのである。差別智の世界は無数の個の集合体ということになる。それで差別智で生きているわれわれのこの現実世界は、全体的一に対して個物的多の世界と言える。その個物的多の世界のことを、仏教では微塵世界《みじんせかい》とも言う。

8　涅槃、一如、真如

さて、全宇宙に広がる広大な空《くう》、虚空、虚無、全体的一を一如《いちにょ》と言ったり、涅槃《ねはん》と言う。あるいは真実そのものだという意味で真如《しんにょ》とも言う。

そして無差別智で認識する世界はただただ空で、二つあるいはそれ以上のものがないから純粋そのものである。濁り、穢れ、汚れというものがあり得ない。後で述べる浄土の「浄」は、そこからきている。

また、動くというのはある基準に対し別のものが近づいたり離れたり、捻じれたりすることであるから、少なくとも二つのものがなければ動は成り立たない。一如、涅槃には二物がないから、どんなに動いても、動は成り立たないことになる。同じように、二つのものがないなら、AからBに変わるという変化も成り立たない。永遠に不変である。涅槃はどんなに変化しても絶対的に無変化である。だから一如、涅槃は動や変化のない、いわば絶対的静と言える。そこで、その絶対的静のところをとらえて、涅槃のことを寂静《じゃくじょう》とか、寂滅《じゃくめつ》とも言う。

しかし真如、一如、涅槃、寂滅の絶対的静は決して中身のない空っぽで、凍りついたように動きがない静ではなく、どんなに動いても動かない、どんなに変化しても変わらない静である。その中に全宇宙を含む、充実した動である。一刻も動くことを止めない絶対的動とも言うべきである。そしてどんなに動いてもその絶対的動は絶対的静として悠然としていて、どこまでも純粋な空である。絶対的動即絶対的静、絶対的静即絶対的動である。

9　涅槃は生きている

絶対的動は動として、どんなに動いたり、変化してもそれは絶対的静であるゆえに、決して秩序が乱れることはない。あり得ない。絶対的秩序である。しかも全体的一のほかには何物も存在しないのだから、この秩序の外にあって、この全体的一を統合しているものはあり得ない。それは喩えるなら、洗濯機の外にあって操作する人間のような存在がいないということである。全体的一そのものが統合している。もし最初に述べた統合主体があるとすれば、それは全体的一の外にあるものではない。全体的一の内部にある。でもすべてが空で、統合主体という実体も概念もない。あるのは全体的一のみである。

涅槃は絶対的秩序を保つ絶対的動で、しかもその秩序は涅槃自体の必然性である。整理すると、涅槃は絶対的動として動いており、絶対的な秩序を維持しており、しかもその秩序は涅槃自体が統合・維持している。二章で述べた生命体であるための三つの条件（一三頁参照）を満たしている。だから、全体的一である涅槃は生命体である。つまり生きている。そこのところをとらえて、涅槃のことを法性法身《ほっしょうほっしん》と言う。法身の「身」とは生きている、つまり生命体だということである。

先ほども述べたように、涅槃はAからBに変わるという変化がない。もちろんシステムの秩序が乱れるなどということはあり得ない。永遠に不変である。だから生じる、滅するはなく、不生不滅である。つまり生まれるもなければ死ぬもないから、永遠に生きている。それで涅槃は、永遠の寿命という意味で無量寿《むりょうじゅ》とも言われる。

涅槃は、その実態や内容を示すためにその他さまざまな名称が与えられている。『唯信《ゆいしん》鈔文意《しょうもんい》』に、

大涅槃と申すにその名無量なり、くはしく申すにはあたはず、おろおろその名をあらはすべし。涅槃をば滅度といふ、無為といふ、安楽といふ、常楽といふ、実相といふ、法身といふ、法性といふ、真如といふ、一如といふ、仏性といふ。仏性すなはち如来なり。（『浄土真宗聖典　註釈版』七〇九頁）

と述べられているとおりである。

10　涅槃は仏

さて、無差別智で認識すれば時計も空《くう》、柱も空、すべてが空で、色即是空だと言った。無差別智の世界では、すべてが無差別である。認識の主と客の区別もない。認識するもの(無差別智自体)も空、認識されるものも空で、両者は一体である。つまり、空自体が認識者であり認識される対象でもある。対象である全体的一そのものが認識者、覚者である。また逆に認識者、覚者そのものが全体的一である。

さらに無差別智を仏智と言うように、無差別智の所有者は仏である。しかし、無差別智では、差別智で言うところの所有者と被所有物との区別、つまり主と客の区別はないから、無差別智と仏は一体である。だから結局のところ、全体的一そのものが仏ということになる。無差別智の対象となる全宇宙が無差別智そのもので、それが仏ということになる。法性法身が仏だと言うのである。

整理すると、無差別智が全体的一であり、それが全宇宙であり、それが同時に仏であり、それがまた涅槃でもある。さらに、それは空であり、寂滅、法性法身、一如、真如、虚空、虚無であるということになる。

今言うように、涅槃はこの大宇宙を無差別智で認識したところで、私たちのいるこの銀河系、太陽系、地球、日本、私の住む岡山も、ちゃんと含まれた世界である。もちろん私もあなたも涅槃に一体である。全宇宙は純粋な全体的一である。涅槃とは別に、私やあなたが存在するわけではない。ここが大切である。私がいて、それとは別に涅槃があるのではない。涅槃の中に私がポツンと存在しているのでもない。私を含めて全宇宙は純粋な一つの空である。大生命体である。

私が最初に「私と全体的一の関係がフレディと楓の木の関係に似ている」と言ったその基本構造、基本的事実はこのことである。

11　涅槃は彼岸の世界

見る対象物は同じでも、色眼鏡をかけて見るのと、外して見るのでは全く別物に見える。同様に差別智で認識するのと、無差別智で認識するのでは同じ世界も全く別世界になる。正しい認識、無差別智の世界が涅槃、虚空、全体的一などと述べた世界で、盲智である差別智で認識する世界がこの現実世界、微塵世界である。対象は同じでも両者は全く別世界になる。

差別智からすると差別智の現実世界と無差別智の涅槃とは、差異のある世界とない世界で、二つの世界は全く別々である。現実世界でない世界が涅槃で、涅槃でない世界が現実世界であるという具合に、涅槃と現実世界とは相互否定的である。差別智からみれば、涅槃は認識の外、差別智の世界（現実世界）の外である。その隔たりは絶対的で、現実世界と涅槃との間には絶対的な断絶がある。それで差別智しか持ち合わせないわれわれの側からは、涅槃、浄土のことを「あの世」だとか、「彼岸」だとか、「西方十万億土の彼方の世界」などと言うのである。

ところがである。両者が別の世界だと言うのは差別智で認識するからで、無差別智で認識すると、差別智の世界と無差別智の世界の区別はない。したがって、差別智の世界の外にある無差別智の世界では、差別智の世界と無差別智の世界は一体で、両者は一つの空である。言うならば、差別智の世界は無差別智の世界の中に溶け込んで一体である。差別智の世界即無差別智の世界、つまり現実世界即涅槃である。

無差別智こそ真智であるから、現実世界即涅槃で、客観的には、涅槃は物理的にこの現実世界を離れて彼岸に在るのではなく、今ここに、この現実に実在する世界である。両者の隔たりはどこまでも差別智の認識的距離のことで、物理的距離のことではない。いやむしろ、正しくは涅槃こそ現実なのである。「真如はこれ諸法の正体なり」（『教行信證　証巻』一二〇九頁）と言われる所以である。諸法とは差別智の対象となっている時計、柱、机、私、あなたなど個々のものを言う。それは取りも直さず涅槃である、真如である。実に「真如はこれ諸法の正体なり」である。色即是空である。現実世界即涅槃である。

しかし、現実世界即涅槃で、私やあなたが涅槃に一体化されているという、私やあなたと全体的一の基本的事実関係が成立しているのは、現実世界である差別智の世界ではなく、あくまで無差別智の世界、涅槃においてである。彼岸においてである。西方十万億土の彼方の世界においてである。

われわれが生きているのは差別智の現実世界である。その現実世界では現実世界即涅槃も、私やあなたが涅槃に一体化されているという事実も成り立っていない。それゆえ涅槃において成立している私と全体的一の関係、衆生と全体的一との関係は、われわれに関わりない事実として終わってしまう。このことこそ阿弥陀仏が存在しなければならない理由にほかならない。

二、阿弥陀仏

前の章でフレディの喜び、悲しみ、悩みなどは、フレディが葉っぱとして生きるから、「わが身可愛さ」ゆえに起こると述べた。もしフレディが自分は葉っぱではない、楓の木そのものだと気づけば、葉っぱとしての喜び悲しみなどは成り立たず、全く新しい世界が広がるはずだとも述べた。

同じように、人の悩み苦しみ、悲しみなどは人が「自分自身も全体的一に一体である」ことを知らず、自主独立の個として生きるゆえに出現する。逆に自分が全体的一であることを体得できれば、人が生きていく上での一切の問題は解決し、全く新しい世界が開けるはずである。救いの世界である。

自分が全体的一に一体であることを体得するとは、無差別智を獲得することによって可能である。ところが人間はどんなに努力しても、いかなる修行をしても、自分の力で無差別智を得ることはまず不可能である。少なくとも私には無理である。私の思い違いかも知れないが、いわゆる聖道門《しょうどうもん》の修行で、座禅を修行したり、千日回峰行など難行・苦行を行うのは、そういう行を通してすべての差別智的雑念を捨てて、結局のところ無差別智を獲得するためである。しかしそこまでしても、無差別智の獲得は天才的才能の持ち主にのみ可能で、無差別智を自分の力で獲得することは凡人には到底手が届かない。私の知る人間で無差別智を獲得したのは、法蔵菩薩のみである。

凡人が己の力で不可能なら、われわれ凡人の救いはどうなる。われわれが全体的一に一体であることが凡人に関わりない事実で終わっては、凡人の救いは成立しない。このままでは救われる道が閉ざされている。

そこでわれわれ凡人を救うために阿弥陀仏が登場する。実はわれわれが全体的一に一体化されている事実、全体的一と私の基本的事実関係を凡人の私やあなたに認識させる存在こそ、阿弥陀仏である。無差別智を獲得することのできないわれわれ凡人に差別智でわからせる存在こそ、阿弥陀仏である。以下、このことを説明しよう。

1 法性法身の大転換

『唯信鈔文意』には涅槃、法性法身を説明して、「……法性すなはち法身なり。法身はいろもなし、かたちもましまさず。しかれば、こころもおよばれず、ことばもたえたり」（『浄土真宗聖典　註釈版』七〇九頁）とある。「いろもなし、かたちもましまさず」というのは色や形の概念を離れた空であるということで、涅槃は差別智では摑みようがないという意味である。だから、「こころもおよばれず、ことばもたえたり」と言うのである。言葉で説明することはもちろん、思ったり考えたりすることもできず、説明や思考の対象にさえなり得ないということである。

だからわれわれは、仏であり、全宇宙を包み込む生命体である法性法身の実体はおろか、その存在すら知り得ない。われわれの側からは、法性法身に働きかけることは全く不可能である。手も足も出ない。われわれの側からは法性法身とは関わりようがない。このままでは法性法身は、われわれとは無関係な存在でしかない。

ということは、法性法身とわれわれが一体であることをわれわれ凡夫が体得するには、法性法身の側からわれわれの側に向かって働きかけがなければならない。つまり救いは、彼の側から差し伸べられなければならない。

そこで法性法身が、大転換するのである。法性法身の動である。前に法性法身は絶対動だと述べたが、その絶対動とはわれわれ迷える衆生に対し、われわれが法性法身と一体であることを知らせる働き、つまり救いのことである。法性法身にそれ以外の「動」はないし、必要もない。

この大転換といえどもAからBに変わるような転換ではない。Aもなければ、Bもない。どこまでも空である。絶対動即絶対静、絶対静即絶対動としての大転換である。どんなに変化しても空であることに変わりはない。

大転換とは無差別智の世界から差別智の現実世界へ出現することである。無差別的、無限定的から差別的、限定的なものに転換するのである。そこで初めて差別智の認識に耐えるような姿になり、われわれ人間が関わることが可能になる。

この法性法身が大転換した姿を方便法身《ほうべんほっしん》と言う。阿弥陀仏である。『一念多念文意《いちねんたねんもんい》』には、

> 方便と申すは、かたちをあらはし、御《み》なをしめして、衆生にしらしめたまふを申すなり。すなはち阿弥陀仏なり。（『浄土真宗聖典　註釈版』六九一頁）

とある。「衆生にしらしめたまふ」とあるように、阿弥陀仏は、差別智しか持ち合わせない衆生が、差別智でその存在と働きを認識できるということである。

しかし残念なことに、われわれ凡人の肉眼に見えるようになったり、凡人の手の触覚でわかるようになるのではない。そうではないが、凡夫の宗教心が受け止めることのできる存在になる。われわれは、われわれ衆生の宗教心の中で阿弥陀仏と触れ合うことが可能になる。宗教心といえども凡夫の差別智の世界である。阿弥陀仏は差別智の対象になり、そこで初めてわれわれ凡夫が関わり合うことができるということである。

先ほどの『唯信鈔文意』の続きには、

> この一如よりかたちをあらはして、方便法身と申す御すがたをしめして、法蔵比丘となのりたまひて、不可思議の大誓願をおこしてあらはれたまふ御かたちをば、世親菩薩は尽十方《じんじっぽう》無《む》礙《げ》光如来《こうにょらい》となづけたてまつりたまへり。……微塵世界に無礙の智慧光を放たしめたまふゆゑに尽十方無礙光仏と申すひかりにて、かたちもましまさず、いろ

もましまさず。無明の闇をはらひ、悪業にさへられず、このゆゑに無礙光と申すなり。無礙はさはりなしと申す。しかれば阿弥陀仏は光明なり、光明は智慧のかたちなりとしるべし。(『浄土真宗聖典　註釈版』七一〇頁)

とある。阿弥陀仏が尽十方無礙光如来というのは、無限に広く尽十方に行き渡って、何物にもさえぎられず全宇宙のすべてを包み込む仏だということである。この点では法性法身と同じである。ここで「かたちもましまさず、いろもましまさず」と言っているのは、阿弥陀仏が肉眼などの感覚器官によってはとらえられるものでないことを言っているのである。しかし、光とも規定できない絶対空の法性法身の、無形・無色で差別智では知ることも、思うことも、語ることもできない「法身はいろもなし、かたちもましまさず。しかれば、こころもおよばれず、ことばもたへたり」とは異なって、阿弥陀仏は「尽十方無礙光仏と申すひかりにて」、人間の宗教心の対象になり得るものである。ここが法性法身と異なるところである。方便法身の意義はここにあるわけで、法性法身が大転換したのは差別智の対象になるためである。

実際、信を得た者は阿弥陀仏の存在と働きを差別智で明瞭に認識できる。親鸞も法然も差別智で認識されたに違いない。

2　法性法身即方便法身

　さて、法性法身が大転換したということは、法性法身と方便法身は同一ではない、別ものということである。しかし、この大転換は、他の何かが法性法身をして大転換させるのではない。法性法身が自ら大転換するのである。法性法身が自己否定するということである。もともと法性法身とはこの大転換をするものである。絶対動である。そういう能力、そういう本質を元来持っているものである。衆生と関わらず、無差別智の世界にとどまるものは真の仏ではない。真の仏は差別智の、この現実世界に降り立って衆生と関わり合うものである。法性法身とはそういうものである。

「仏は仏にあらず。ゆえに仏なり」という言葉を聞いたことがある。「仏は仏にあらず」とは、仏は無差別智の世界にとどまるものではないという意味である。「ゆえに仏なり」とは、現実世界で衆生を救うのが仏だということである。「仏は仏にあらず。ゆえに仏なり」はまことにそのとおりだと思う。法性法身が仏である最大の理由である。

　もっとわかりやすく言うと、たとえば、子どものときの私と大人のときの私のようなものである。大人にならない子どもはいない。両者は同じではないが、別ものでもない。方便法身に大転換するものが法性法身ということである。方便法身に自己転換できなければ法性法身ではない。だから方便法身は法性法身の一面である。方便法身になっても、法性法身として何ら変わっていないということである。法性法身と方便法身とは同じものではないが、別ものでもないということである。不一不異である。空たる法性法身が衆生を救うために動いた姿が、方便法身ということである。

少し難しいが、ここのところを『教行信證　証巻』（一二三三頁）に、

> 法性法身によって方便法身を生ず、方便法身に由りて法性法身を出だす。この二の法身は異にして分つべからず、一にして同じかるべからず。この故に広略相入《こうりゃくそうにゅう》して、統《か》ぬるに法の名をもつてす。

と述べられている。広とは浄土、阿弥陀仏のことで方便法身のこと、略とは法性法身のことで、法の名とは法性法身のことである。

「私たちが原理的に法性法身と一体である」ということは、直接的には無差別智以外では認識できない。しかし、説明してきたように「私たちが阿弥陀仏、浄土と一体である」ことは差別智で認識できる。そして法性法身と方便法身（阿弥陀仏、浄土）が不一不異であるゆえに、われわれ凡夫が方便法身と一体であることを認識することで、自分が法性法

身と一体であることを了解できるのである。これが阿弥陀仏の存在理由である。

3　法性法身の大転換の筋道

ではどうして、方便法身つまり阿弥陀仏と私が一体であることが差別智で了解できるのだろうか。

この法性法身の大転換には複雑な過程がある。まず法性法身の全体的一から、一介の人間がこの現実世界に現れる。そしてその人は法蔵菩薩という僧となる。法蔵とは、一介の僧であるがその内に法を蔵しているということである。つまり、法性法身の本質が備わっているということである。先ほどの「法性法身によって方便法身を生ず」の具体的な事象である。この法蔵の行動は無量寿経というお経の中に詳しく述べられていて、その内容が『浄土の哲学』の第五章に解説されている。

それをさらに簡略に述べると、その人間法蔵は桁外れに大きな野望を抱き、その実現に努める。その野望というのは、一切の、生きとし生けるすべてのものを救おうというのである。法蔵の野望は法性法身の意思そのもので、それが一介の法蔵菩薩という僧に顕現したということである。人間をはじめ通常の生命体がどこまでも利己的であるのに反して、法蔵菩薩は徹頭徹尾、利他的である。そして、それを達成するために四十八の願を立てて成就することを述べる。四十八の願を成就するとは、万人を救う阿弥陀仏になるということである。

それに続いて重誓偈《じゅうせいげ》と言われる偈を謳いあげて、決意のほどを示す。それは四十八願の要点をさらに重ねて誓ったという意味で、重誓偈と呼ばれている。また最初に三つの誓いを立てているところから、三誓偈《さんせいげ》とも呼ばれている。三誓偈の内容は四十八願の内容と同じだということである。その三つの誓いとは、『浄土の哲学』（一〇四頁）によると、

われ超世の願をたつ
かならず無上道にいたらん
この願満足せずば
ちかふ、正覚をならじ

われ無量劫《むりょうこう》にをいて
大施主となりて
あまねくもろもろの貧苦《びんぐ》をすくはずば
ちかふ、正覚をならじ

われ成仏道にいたらんに
名声《みょうしょう》十方に超えん
究竟してきこゆるところなくば
ちかふ、正覚をならじ（ふりがな筆者）

である。これはちょっと聞くと、われわれと無関係な法蔵菩薩の勝手な思いのようであるが、一体どういうことであろう。

4　三誓偈の第一の誓い

結論から言って、私はこう理解する。つまり三誓偈の第一の誓いは、一人の人間法蔵菩薩が自ら無差別智を体得しようと言うのである。無上道とは最高の悟りのことで、無差別智の世界である。「無上道にいたらん」とは、無差別智を獲得するということである。

無差別智からみると、主と客は一体であるから、無差別智を獲得した人（法蔵菩薩）と獲得される無差別智とは無差別で一体である。だから法蔵が無差別智を獲得するとは、無差別智そのものになるということである。法蔵が阿弥陀仏になるとはそういうことである。阿弥陀仏が智慧の光だというのはそのことである。

無差別智で認識するとその対象である世界は虚空、涅槃だと言った。浄土は阿弥陀仏がましますす世界で、仏国土とも単に土とも言う。弥陀仏が無差別智で認識する世界で、その内実は涅槃である。

また上と同じように、無差別智からすると主と客は一つで、阿弥陀仏つまり認識する智慧そのもの（無差別智）と認識される世界（浄土）は別々ではなく一つである。だから無差別智を獲得するとは阿弥陀仏になることであり、同時に浄土そのものになることでもある。法蔵菩薩が無上道に至るとは、浄土が完成することでもある。

『教行信證　真仏土巻』（一三七一頁）の冒頭に、

謹んで真仏土を按ずれば、仏は則ちこれ不可思議光如来なり、土はまたこれ無量光明土なり。

とあり、『一念多念文意』には、

この如来は光明なり、光明は智慧なり、智慧はひかりのかたちなり、智慧はまたかたちなければ不可思議光仏と申すなり。（『浄土真宗聖典　註釈版』六九一頁）

とある。この二つの文章をじっくり読むと、阿弥陀仏と智慧と光明と不可思議光仏と光明土と浄土が、同一のものであることが納得できる。

法蔵菩薩が五劫《ごこう》（劫はきわめて長い時間の単位）の思惟の後に阿弥陀仏になったとは、無差別智を獲得し、無差別智という智慧そのものになったということである。そしてそれが阿弥陀仏になったということであり、智慧の世界、つまり浄土になったということである。またそのことを以て浄土が完成したとも言える。

5　三誓偈の第二の誓い

第二の誓いは一切の衆生を救うことを誓うものである。

前の章でも述べたし、次の章でも別の角度から述べるが、この現実世界で、個として一生命体として生きることは衆生とって常に困難である。第一いつまでも生き続けることはできず、いずれ死ななければならない。そもそも個として生きることが困難であることが衆生の一切の苦しみ、悲しみ、悩み、愚痴の根本理由である。

無差別智の世界では衆生は個としての存在ではない。全体的一という不滅の大生命体に一体化される。法蔵が無差別智を獲得して浄土を完成すれば、それと同時にすべての衆生は、必然的に全体的一つまり阿弥陀仏・浄土に一体化される。浄土ができ上がるとは、すべての衆生が往生浄土を遂げるということである。

そこでは、一個の生命体として生きる必要はなくなるから、衆生の一切の苦悩の根源が消え去ることになる。衆生は一切の苦悩から解放されるはずである。それで、その世界を極楽と言い浄土と言うのである。しかもそれは夢幻や迷いの世界ではない。真実の世界である。

法蔵には、無差別智の世界、つまり浄土こそ一切の衆生を苦しみや悲しみから救うことのできる世界で、また浄土以外、一切の衆生を救う方法はないという確信がある。それで、第二の誓いは、無差別智を獲得し、浄土を完成し、そのことによってすべての衆生を浄土に往生させ、一切の苦悩から救済しようという誓いを述べたものと理解できる。

法蔵が第一の誓いのごとく無差別智を獲得し、阿弥陀仏に成仏し、浄土を完成すれば、そのこと自体が一切の衆生を救済することになるということである。第一と第二の誓いの内実は同じことである。

だから逆に第一の誓いで無差別智を獲得しようと言うのである。想像を絶するほどの努力、修行、精進が不可欠である。想像を絶するほどの時間を必要とする。それでも私を救うためにそれを成し遂げようと言うのである。あなたを救うためである。それ以外に私やあなたが救われる道がないからである。『歎異抄』十九に、弥陀の五劫思惟の願をよくよく案ずれば、ひとへに親鸞一人がためなりけり。さればそくばくの業をもちける身にてありけるを、たすけんとおぼしめしたちける本願のかたじけなさよ。（『浄土真宗聖典　註釈版』八五三頁）

とあるとおりである。筆者である私にとっても、まことに「駒澤一人がためなり」である。

6　三誓偈の第二の誓い

さて、法蔵の成仏によって衆生は浄土に一体化される。実際、法蔵の成仏と同時に浄土が完成し、衆生の往生浄土ができ上がった。それは客観的事実で、法蔵はそのことをしかと確認している。しかし、客観的事実としての自分の往生浄土も、衆生がそのことを知らなければ、自分に関わりない無意味な事実として終わってしまう。もし三誓偈が第一と第二の誓いだけで、法蔵が無差別智を得るだけで終わってしまえば、それは法性法身と同じで、衆生は客観的事実としての自分の往生浄土を体得することはできないままで終わる。

そこで第三の誓いで、一切の衆生が阿弥陀仏に一体化されていることを一切の衆生に知らせよう、体得させようと誓っているのである。一切の衆生が差別智によって認識できるようにしようと誓っている。「名声十方に超えん　究竟してきこゆるところなくば」と言うのは、そういうことだと理解する。「阿弥陀仏が無差別智を獲得すると同時に、衆生はその阿弥陀仏と一体になっている、浄土に往生している」という事実を衆生に体得させるべく、働き続けることを誓ったのである。「方便法身に由りて法性法身を出だす」(五九頁参照)がここにあるといただくことができる。この第三の誓いがあるゆえに、阿弥陀仏が方便法身で法性法身と異なるところだと私は理解している。

7　第三の誓いの成立の論理

ではなぜ、差別智で無差別智の世界の阿弥陀仏や浄土を認識することができるのだろうか。どのようにして三誓偈の第三の誓いが成り立つのだろうか。その理屈を説明してみよう。

結論から言うと、この阿弥陀仏や浄土は無差別智でありながら、全くの無限定ではないからである。阿弥陀仏や浄土は衆生を救うという目的のために成し遂げられた、「何々のため」と限定された世界である。阿弥陀仏、浄土のことを、衆生を救うという願いに報いてできたという意味で報仏《ほうぶつ》、報土《ほうど》と言うが、涅槃が全くの無限定であるのに対して、報仏、報土とは願いに報いたという点で限定されている。また阿弥陀仏は時間的にも無限定ではない。阿弥陀仏が成仏したのは十劫《じっこう》というとてつもない過去のことだが、それでも時間的にも有限で無限定ではない。

法性法身がいきなり阿弥陀仏にならず、わざわざ一介の人間になり、法蔵菩薩という僧になり、五劫という想像を絶するほどの時間をかけて阿弥陀仏になるという回り道を取り、十劫という超数量的ではあるものの、それでも有限的過去に阿弥陀仏になったのは、阿弥陀仏が無差別の世界の存在であると同時に、差別智的、有限的、限定的存在であるためである。

もっとわかりやすく言えば、阿弥陀仏や浄土は人間的に限定されている。それによって差別智の凡夫の認識に耐えることが可能になるのである。『一念多念文意』に、「かたちをあらはし、御名をしめして」とあるのはこのことである。それ以外、凡夫が認識できる道はない。それは取りも直さず、差別智しか持ち合わせないわれわれ凡夫が全体的一と関わるための必須条件である。法蔵の五劫の思惟はその確認でもある。

阿弥陀仏がわれわれの差別智の認識に耐える形だと言っても、仏像のようにわれわれの肉眼で見たり、手に触れて感じることのできるものではもちろんない。星野元豊氏は、涅槃のことを第一次形而上世界、報仏（阿弥陀仏）・報土（浄土）のことを第二次形而上世界と述べておられる（『浄土の哲学』五二頁）。いずれも無差別智の世界でありながら、第二次形而上世界はわれわれと関わり合うことのできることが、第一次形而上世界と異なるところである。

『教行信證』では阿弥陀仏も浄土も不可思議光《ふかしぎこう》、無碍光《むげこう》と規定されている。両者は同じ光である。もちろんわれわれが通常認識する太陽の光や、ネオンの光、ローソクの光とは違って、不可思議の光とされている。涅槃や一如、真如、空は無限定であるから光とも言えない。阿弥陀仏が不可思議光であると言うのは、目に見える光ではないが、全くの無限定ではなく、限定的で、われわれの宗教心の認識の対象になり得るということである。宗教心は差別智である。だからあくまで形而上的で、超現実的でありながら、それでも人間が認識することができるものである。浄土、阿弥陀仏の働きを、人は差別智で受け止めることができるということである。

その上で、阿弥陀仏は衆生の宗教心をめがけて一刻も休まず働き続けていてくださっている。その働きかけが南無阿弥陀仏という名号《みょうごう》である。阿弥陀仏は光明として一切の衆生を一体化し、そしてその事実を個々の衆生に知らせるべく名号として呼びかけている。その呼びかけが衆生の差別智に届いたところが信である。信はあくまで衆生の分別智であるが、阿弥陀仏の存在とその働きをしっかりと受け止めている。

実際、信を得た人間には阿弥陀仏の存在と働きはありありと実感できるものである。このことはまた後で述べることにする。

8　法蔵の決意

こうして法蔵は阿弥陀仏となって一刻も休まず、全宇宙のすべての衆生の差別智に向かって働きかけ続ける、動的存在になろうと言うのである。阿弥陀仏は静的存在に終わるものではない。法蔵はそういう阿弥陀仏になろうと誓う。そして、重誓偈ではさらに、

この願もし剋果《こくか》せば
大千感動すべし
虚空の諸天人
まさに珍妙のはなをふらすべし（『浄土の哲学』一〇六頁）

と自信満々に述べている。

かくして、法蔵はそのためにいかなる努力、修行も恐れずやり遂げようと言うのである。そして五劫という超天文学的な巨大な数字で示されるほどの永い間思惟し、ついに法蔵菩薩は無差別智を獲得された。そしてそのことが取りも直さず、浄土を建立され、浄土の主の阿弥陀仏になられたということである。以来すでに十劫が過ぎたと述べられている。

9　如来

このようにして、われわれの現実世界とは全く断絶された世界の法性法身が、われわれの認識の世界に阿弥陀仏として現れる。それを、無差別智の世界である「一如」「真如」「如」よりわれわれの差別智の現実世界に「来る」という意味で「如来」と言い、阿弥陀仏如来と言う。当然のことながら、個物然としたものを想定してはならない。阿弥陀仏は全宇宙を覆う光明無量如来《こうみょうむりょうにょらい》、永遠の昔から未来永劫に続く寿命無量如来《じゅみょうむりょうにょらい》である。一刻も休まず衆生を救っている活動体である。今、現にこの私を救済ずみであることを私に知らせるべく働きかけている法性法身の姿こそ、方便法身の阿弥陀仏である。

つまり全宇宙でただ一つの生命体、しかも全宇宙を包み込む生命体である法性法身が、その働きをわれわれの認識の世界に示した姿を阿弥陀仏と言うのである。方便法身と法性法身とは不一不二である。方便法身も法身と言われるように、生きた生命体である（四七頁〜参照）。全宇宙をすっぽり包み込み、永遠の昔から永遠の未来に続く一つの生命体である。一刻も休まずわれわれ凡夫に働きかけ続けている生命体である。

しかも、私やあなたとは別に阿弥陀仏や浄土が存在するのではない。私やあなたを含んで、一体化した生命体である。

私と阿弥陀仏の関係がフレディと楓の木の関係、衆生と阿弥陀仏の関係が、何千枚もの葉っぱと楓の木の関係に似ているということの論拠である。

10　まとめ

阿弥陀仏と浄土について、まとめを兼ねてもう一度整理しておこう。法蔵が成仏して阿弥陀仏になったというのは、無差別智を体得したということである。その無差別智で見ると一切に区別はない。作為する側と作為される側、つまり能所の区別もない。だから無差別智を獲得する側の法蔵と、獲得される側の無差別智の区別はない。両者は一つの空《くう》である。ということは、法蔵菩薩が無差別智を獲得したとは、無差別智そのものになったということである。だから法蔵菩薩が阿弥陀仏になったということは、無差別智そのものになったということである。阿弥陀仏とは無差別智、つまり智慧のことで、それを不可思議光と呼ぶ。

さて、無差別智で認識する世界には個物たるものは何もなく、ただただ空の全体的一である。涅槃である。だから法蔵が無差別智を体得したときには、もう法蔵という個はあり得ない。法蔵自身もこの全体的一、涅槃に一体である。そして無差別智の認識の主・客を見た場合、認識の主が阿弥陀仏で、認識される客の涅槃、全体的一が浄土に相当すると理解できる。繰り返すことになるが、無差別智では主と客の差はあり得ないから、阿弥陀仏と浄土の差はない。両者は同一である。法蔵が成仏して阿弥陀仏になるのと浄土が完成するのは同時であり、また一つの現象であるということである。

無差別智で認識する世界は、つまり涅槃、浄土は全宇宙を含んで全体的一である。この全体的一以外に別物が存在することはあり得ない。もしあるとしても、その別物を含んで全体的一だからである。もちろん私もあなたもこの全体的一に含まれている。浄土が完成したとき、私もあなたも、すべてが浄土にある。私やあなたが浄土にポツンと存在するのではない。阿弥陀仏と一体になっている、浄土と一体になっている。一体となるとは、あたかも諸々の河川が大海にそそいで、みな一味となるようなことである。『正信偈』に、

衆水海に入りて一味なるがごとし（『教行信證　行巻』四一四頁）

とあるとおりである。これを、私やあなたが浄土に生まれたとか浄土に往生したと言う。客観的には、法蔵の成仏と同時に浄土が完成し、それと同時に私やあなた、そしてすべての衆生の往生浄土が完成している。

しかし十劫の昔、阿弥陀仏の成仏と同時に私やあなたの往生浄土が完成したとしても、

それは無差別智の世界での出来事である。元来、無差別智の世界は、われわれのいる差別智の現実世界からは思うことも知ることもできない。だとしたら、その無差別智の世界ですでに客観的事実となっている私の往生浄土は、この私には救済でも何でもなく全く何の意味もない、私に無関係な事実で終わってしまう。客観的往生浄土の事実を衆生が我が物にして、つまり主体化して初めて衆生にとっての生きた救いとなる。阿弥陀仏も浄土も客観的事実としての衆生の往生浄土も、衆生が差別智で知り、思い、受け止めることができなければ衆生の救済にはならない。

ところが、阿弥陀仏も浄土も無差別智の世界でありながら、差別智の対象になり得る。いや差別智の対象になるための存在である。阿弥陀仏も浄土も、私の往生浄土を知らしめる存在である。阿弥陀仏も浄土もそれ以外の存在理由はない。法蔵菩薩がすべての衆生を救うために四十八願を立てたのも、五劫もの間思惟を重ねたのも、兆載永劫の修行を重ねたのも、この構造の正当性の確認とその成立のためである。

もっとわかりやすく言えば、迷いの私やあなたが存在し、しかも私やあなたには差別智しかないことが阿弥陀仏や浄土の存在理由だということである。そうでなければ法性法身だけで充分である。「方便法身に由りて法性法身を出だす」である。それで阿弥陀仏や浄土のことを、方便法身と言うわけである。

こうして、阿弥陀仏や浄土は無差別智でありながら衆生の認識に耐えるべく働きかける。働きかけると言っても、ある衆生にその外部から働きかけがあるのではない。阿弥陀仏と衆生は一体である。フレディの形を次第に人の手のような形にしたり、紅葉させたりする楓の木の働きのようなものである。

阿弥陀仏の働きが私に現れて、私の差別智で阿弥陀仏、浄土を認識すると、つまり目覚めてみると、その阿弥陀仏、浄土はすでに私を包み込んで一体化している。私は往生浄土を遂げている。私だけではない、すべての衆生も阿弥陀仏に一体化されて、一つの生命体になっている。すべての衆生の往生浄土が完成している。そのことを人間の差別智で、しかと確認することができる。

私と阿弥陀仏の関係がフレディと楓の木の関係に似ており、衆生と阿弥陀仏の関係が何千枚の葉っぱと楓の木の関係に相当すると言うのはこのことである。浄土真宗には「同朋」という言葉がある。一本の楓の木の何枚もの葉っぱの仲間のごとく、私とあなた、そしてすべての衆生に同じ命の脈が打っている、同じ血液が流れているようだ。そう考えると、お互い嬉しくなるではないか。

難しいことをいろいろ述べたが、本当のところ私もここがわかるのに数年かかった。読者の皆さまもすぐには理解してもらえないかも知れない。もし理解してもらえなければ、この後の議論を読んだ後にもう一度読み直していただきたい。納得してもらえると思う。とりあえず、筆者が言っているのは、いい加減なことではない、根拠がありそうだということがわかってもらえれば充分である。

五章　迷っている衆生

一、往生浄土

今まで述べてきたように、この世の生きとし生けるものはすべて生物学的にはそれぞれ一つの生命体であっても、完全な自主独立の生命体ではない。もちろん私もあなたも、阿弥陀仏に一体化された、阿弥陀仏の命の営みの現れであって、本当の意味で一つの自主独立の生命体ではない。

ここのところを、私と阿弥陀仏の関係がフレディと楓の木との関係、衆生と阿弥陀仏の関係が何千枚もの葉っぱと楓の木との関係に似ていると言うのである。

前の章を飛ばしてこの章を読んでくださる読者にはすぐには納得いかないかも知れないが、阿弥陀仏と浄土は同じものである。衆生が阿弥陀仏に一体化されているとは、浄土に一体化されることでもある。それを衆生の往生浄土と言う。十劫の昔、法蔵菩薩が阿弥陀仏に成仏したとは、同時に浄土が完成したということで、浄土が完成したとは、私やあなた、そしてすべての衆生が浄土に一体化されたということである。それは取りも直さず、私やあなた、すべての衆生の往生浄土が客観的事実として完成したということである。

それで『安心決定鈔　本』に、

仏の正覚《しょうがく》のほかは凡夫の往生はなきなり。十方衆生の往生の成就せしとき、仏も正覚を成るゆゑに、仏の正覚成りしとわれらが往生の成就せしとは同時なり。（『浄土真宗聖典　註釈版』一三八四頁）

と言われるのである。法蔵菩薩が阿弥陀仏に成仏したとは、無差別智を獲得したということである。それを正覚と言う。そして、そのときすべての凡夫が浄土に一体化され、往生浄土を遂げて、浄土の外で生きるものは誰もいないことを法蔵菩薩は確認したはずである。

二、現実は南無阿弥陀仏

今すでに、一切の衆生が阿弥陀仏・浄土に一体化されていることを親鸞は和讃に幾首も謳われている。たとえば『浄土和讃』の、

智慧の光明はかりなし
有量《うりょう》の諸相《しょそう》ことごとく
光暁《こうぎょう》かふらぬものはなし
真実明《しんじつみょう》に帰命せよ（『浄土の哲学』二七一頁）

光雲無礙如虚空《こううんむげにょこくう》
一切の有礙《うげ》にさわりなし
光沢かふらぬものぞなき
難思議に帰命せよ（同、二七四頁）

弥陀成仏のこのかたは
いまに十劫をへたまへり
法身の光輪《こうりん》きわもなく
世の盲冥《もうみょう》をてらすなり（同、二六八頁。ふりがな筆者）

などがそうである。これらはみな、阿弥陀仏と衆生の関係を述べているものである。ここで光明だとか、光暁、光雲、光沢、光輪と言うのが、光明無量の阿弥陀仏・浄土のことである。有量の諸相、一切の有礙、世の盲冥とは、そのことを知らない迷いの衆生とその衆生の認識しているこの現実世界のことである。光暁をかぶる、光沢をかぶる、世の盲冥を照らすとは、一切を阿弥陀仏・浄土に一体化しているということである。

また、『教行信證　信巻』（八六七頁）には、衆生がすでに阿弥陀仏に召しとられて一体化され、救われていることを表して、

弥陀の摂《しょう》と不摂《ふしょう》とを論ずることなかれ、意専心にして廻《え》すると廻せざるとにあり。

と述べられている。摂は摂取のことで救いのことである。「阿弥陀仏が救ってくださるか、救ってくださらないかを惑うことはない」という意味である。摂はすでに既成事実である。すでに往生浄土はでき上がっている。残っているのは、私が心をひるがえしてそのことをわかるだけである。それでも、衆生の知ると知らないとにかかわらず、摂取の事実は事実である。

衆生の認識の如何にかかわらず、客観的事実としては、衆生は一大生命体の阿弥陀仏・浄土に溶け込んでいてその営みの現れである。衆生は阿弥陀仏に在らせられている。衆生

は阿弥陀仏に全面的に依存している。全面依存のことを帰命と言い、南無と言う。阿弥陀仏に在らせられ、全面依存していることを南無阿弥陀仏と言う。だから衆生は十劫の昔から南無阿弥陀仏である。

私が、「大宇宙には何万もの生命体があるのではない。阿弥陀仏というたった一つの大生命体しかない」、そして「阿弥陀仏と私および衆生の関係は、楓の木とフレディおよび何千枚もの葉っぱの関係のようなものだ」と言うのは、すべての衆生は南無阿弥陀仏の状態にあるということである。

三、迷いの根源は阿頼耶識

以上のことからわかるように、衆生は阿弥陀仏の命の営みの現れであって、衆生に本当の意味での統合の主体は存在しない。

三章の四節で説明したように、阿頼耶識は真の主体ではないのに、主体だと誤認しているに過ぎない。そこから末那識が現れて「一生命体の我あり」とし、その我の秩序をどこまでも守ろうとする。こうして末那識は生きようとする根源的意識、利己心の根源となって、徹底的に利己的に働くことになる。阿頼耶識こそ迷いの根源で、迷いの主体である。

個々の衆生は阿頼耶識を基に末那識が統合しているとしても、その阿頼耶識、末那識が阿弥陀仏に統合されている。全宇宙の個々の生物学的生命体は、実は個々ではなく、全体的に一つの有機体だということである。

真の統合主体は全宇宙にたった一つ、そして、迷いの統合主体の阿頼耶識はアメーバや蛆虫を含め生物学的生命体の数だけ無数に存在する。

普通、人が手を動かしたり喋ったりするのは、脳の支配によると考えている。しかしその前に、脳や、手、口が存在し、脳の指令で手や口が動く構造になっている。その構造を成り立たせているのが末那識である。そういう末那識が存在するその基盤が阿頼耶識で、さらにその阿頼耶識の基盤が阿弥陀仏ということになる。人が手を動かしたり、喋ったり、いや人がここにこうして存在すること自体が、阿弥陀仏の為すことである。

四、安らぎへの道

すでにおわかりのことと思うが、私が言う木と葉っぱの関係というのは、全体と部分の関係を言っているのではない。海に流入した多数の川の水は、いずれも海である。同じようにフレディもダニエルも、クレアもその他のいずれの葉っぱも、楓の木でないものはない。すべて楓の木である。どの葉っぱも楓の木そのもので、楓の木の命の営みの現れである。そして、一枚の葉っぱのどこをとっても楓の木でないところはない。いずれの葉っぱにも楓の木の性《さが》、あるいは本質というべきものが充満している。木と葉っぱの関係は、いわば一般と特殊の関係である。

同じように阿弥陀仏と衆生の関係も一般と特殊の関係で阿弥陀仏の命が全宇宙に脈打っていて、衆生は誰もその命の営みの特殊面であり、機械の部品のような存在ではない。衆生は阿弥陀仏の命を生きているというのである。この世の生き物と阿弥陀仏はそういう関係にあるのだというのである。

前章で論証してきたようにこれはひとつの考え方ではなく、まぎれもない事実である。ただ多くの衆生がそのことを知らない、あるいは認めないだけである。そのことを知らない、あるいは認めない衆生にとっては、いくら客観的にまぎれもない事実も、自分には関わりのない全く無関係などうでもよい話に終わる。しかし、人が認めようと認めまいと、これは厳然たる事実である。

星野元豊氏は、「心情的に認めたくないということはいたし方ないことである。しかしそれは認識的にはその人が無知であるか、誤謬であるかのいずれかである。しかもそれは単に認識上の問題にとどまらない。このことはその人が自己の人生を正しく生きるか、誤って生きるかということであり、更にまた、その人生を豊かに安慰に、喜びに満ちて生きるか、あるいは恐怖におののきながら、もがき苦しみ、生きるかということに帰着する」(『浄土の哲学』一八五頁)と述べられている。

人がこの世を生きている生きざまは、たとえば大洋の真ん中を航行中の客船の乗客たちが、「船底に大きな穴が空いて、船はほどなく沈没する」と恐怖でパニックになっているようなものであると私は思う。客観的事実として船底の穴は空いておらず、乗客たちがそのことをしかと確認すれば、パニックは自然に治まる。安慰で、喜びに満ちた航海を楽しむことができる。しかし、いくら船底に異常がなくても、乗客たちが異常のないことを知らなければ、恐怖のパニックは治まりようがない。

阿弥陀仏の成仏と同時に、私もあなたも、そしてすべての衆生は阿弥陀仏と一体になった。浄土と一体である。すでに往生浄土はでき上がっている。これが客観的事実である。もはや船底に穴はない。しかしこの客観的往生浄土を衆生がしかと認識できなければ、事実に反して生きることであり、恐怖のパニックは治まりようがない。つまり誤りの、苦悩の人生を続けることになる。

それで認識する・しないは、「その人が自己の人生を正しく生きるか、誤って生きるかということであり、更にまた、その人生を豊かに安慰に、喜びに満ちて生きるか、あるいは恐怖におののきながら、もがき苦しみ、生きるかということに帰着する」と言われるのである。この客観的事実の認識こそ、私における往生浄土になるわけである。これが主体的往生浄土である。

おわかりのように、往生浄土と言われる場合、客観的事実としての往生浄土と、衆生の主体的事実としての往生浄土の二つがある。

五、無明、迷い

虫けらから人間に至るまで生きとし生けるもの、つまり衆生は誰も、ほとんどすべて、阿弥陀仏と衆生の関係を知らずに生きている。船底に穴がないことを知らずに生きている。客観的事実としての己の往生浄土を知らずに生きている。主体的往生浄土ができないままでいる。衆生の客観的往生浄土は昨日、今日始まった事実ではない、十劫という大昔からそうであるにもかかわらずである。

先ほど引用した『安心決定鈔　本』にさらに、

衆生往生せずば仏に成らじと誓ひたまひし法蔵比丘の、十劫にすでに成仏したまへり。

仏体よりはすでに成じたまひたりける往生を、つたなく今日《こんにち》まで知らずしてむなしく流転しけるなり。(『浄土真宗聖典　註釈版』一三八四頁)

と述べられているとおりである。フレディと同じである。皆、自分がそれぞれ一つの独立した生命体だと思っている。間違っている。「つたなく今日まで知らずしてむなしく流転しけるなり」である。そして何時までも輪廻転生を繰り返している。

この根源的事実を知らないことを、明るさがないという意味で仏教では無明《むみょう》と言う。迷っているとも言う。事実は阿弥陀仏に在らせられてあるのに、事実に反し、自主独立の一生命体だと思っている。仏に背いて、日々を送っている。間違っている、思い違いをしている。認識違いをそのままにして、それを当然視して生きているということである。

六、全身全霊の迷い

迷っている、思い違いをしている、間違っていると言うと、普通は脳の知的活動のことを言う。しかし、ここで言う迷い、思い違い、間違いとは脳細胞だけのことではない。統合主体が迷っている、阿頼耶識・末那識が迷っている。衆生は自主独立の生命体ではなく、阿頼耶識・末那識自体は他律である。本当は統合主体ではない。にもかかわらず、阿頼耶識・末那識は真の統合主体だと間違っている。だからその統合下にある身体の全細胞がからぬ方向を向いている。全細胞が、その属する個体は自主独立であるとして活動している。全身全霊が迷っている。

脳の知的活動だけでなく身体の全細胞が迷っている例をあげてみよう。たとえば気管にゴミが入ると、胸の筋肉細胞はそのゴミを排出するために即座に咳をする。咳をしようと脳細胞が働いて意識的に咳をしているのではない。咳は脳の知的細胞とは無関係である。あるいは指先にばい菌が侵入すると、それを排除するために白血球などが攻撃をかけておできをつくる。まるで白血球などが、「早い段階でばい菌を退治しておかないと体にとって大変なことになる」と考えているかのごとく、おできをつくる。おできは白血球などの仕業で、人の意思、人の大脳の活動とは無関係である。

これらは胸の筋肉細胞や白血球など、それぞれの細胞が、本当は一生命体ではない体を一生命体とみなして、いわば幻の生命体を守ろうとしているわけで、それぞれの細胞が迷っている証拠である。生きるとは全細胞が迷っていることである。

そもそも脳細胞が出現し高度に分化・発達して脳を形成し、考えたり、覚えたり、体を動かすなど脳活動をするのは、その個体を効率よく守るためである。個体に脳が存在すること自体が末那識の為すことである。脳の存在自体が迷いの証拠である。だから痛覚、温覚、視覚、聴覚、味覚、嗅覚などの感覚も、手足や口や瞼などの動きも、自我意識も高度な哲学、学術、芸術も、すべての脳活動は迷いの産物である。五官が発達し、快不快を感じ、言語を使いこなすことも、とにかく脳の活動すべてがこの範疇に入る。

同じように、肢体が自由に動くのも、身体に五臓六腑が存在し、しかも不自由なく働くのもすべて、幻の生命体を守り、生かすためである。これらはすべて迷いの主の末那識の為すもので、いわば迷いから出発した活動である。つまり全細胞、全臓器は、それが属する個体が本当は一つの生命体ではないのに、まるで独立した生命体であるがごとくふるまっている。

迷っているのは脳の知的活動のみならず、他の体の構造も生命活動も、とにかく全細胞である。全身全霊が迷いである。

七、わが身可愛さ

衆生は、それぞれ自主独立の生命体だと迷っているから、フレディと同じように、わが身可愛さに終始することになる。私が食べたり飲んだり、眠ったり、衣服を着るのも一生命体としての私を守るため、つまり生きるためである。わが身可愛さのためである。人が本能的に快楽を求めるのも、苦痛を避けようとするのももちろんであるが、勉学に励むのも、労働に従事するのも、社会的慈善や、政治経済、医療活動などに専念するのも、結局のところわが身可愛さから始まっている。働く、学ぶ、戦う、助け合うなど私の生命活動すべてがそうである。道徳や倫理、人道、社会的正義なども例外ではない。迷いの末那識から出発する、わが身可愛さゆえである。

たとえ表面はそう見えなくとも、一皮むけば貪欲で、他を欺き、嘘やへつらいを重ねながら常にわが身を利することに明け暮れしている。思い通りにならなければ怒り狂い、公平や正義を通さず不当に我欲を張り続ける。「心は貪り、怒り、邪悪で偽りの欺きに満ちて、とても悪性は止まらない。まるで蛇やサソリと同じである」という意味の、

貪瞋邪偽《とんじんじゃぎ》奸詐百端《かんさひゃくたん》にして悪性侵《や》め難し、事、蛇蝎《じゃかつ》に同じ。

と『教行信證　信巻』（五二六頁）にあるとおりである。

おおよそ生物学的生命体の生命活動は、それぞれの末那識から発するわが身可愛さゆえで、つまるところ、生きるためだと言える。わが身可愛さは生きることの出発点で、とて

も深い迷いから始まっている。生き物が生きようとすることは利己に徹することである。仏教では利己のことを自利と言う。生き物が生きるとは自利に徹することである。

八、煩悩の出現

このように自分は一つの自主独立の生命体であるという迷いを出発点として、身体の全細胞、全身全霊が、幻の生命体を生かすことに日夜明け暮れしている。そして人の喜びや楽しみ、あるいは反対に悩み、苦しみ、悲しみ、さまざまな欲望など心の動きもすべて、幻の生命体が生きるに有利か不利かに起因している。おいしいご馳走を腹いっぱい食べることができて満足するのも、反対にひもじさの苦しみを感じるのも、名声や名誉を誇る気持ちになるのや、反対に社会の不評に肩身の狭い思いをするのも同様である。いわば、フレディの「わが身可愛さ」からくる喜怒哀楽と同じメカニズムである。これらは全部、「自分は一つの独立した生命体である」という迷いの作り出すものである。

しかも、生命体の秩序を守る作業、つまり生きることはいずれの生命体にとってもいつも困難を極める。食物を確保し続けることだけでも容易なことではない。また自然界では生命体は常に病原体や寄生虫の侵入を受けるし、あるいは天敵など外部からの攻撃の危険に間断なくさらされている。許容範囲を超える暑さ寒さも珍しくない。思いがけない怪我もある。さらに老化という機能低下も避けることができない。実際、生き物はいずれ生物学的には必ず死ぬわけだから、何時までも思い通り生き続けることは不可能である。そこに精神的・肉体的苦痛が生まれる。それが煩悩である。煩悩とは、『唯信鈔文意』に、

煩《ぼん》は身をわづらはす、悩は心をなやますといふ。（『浄土真宗聖典　註釈版』七〇八頁）

と言われている。煩悩が精神的苦痛で心を悩ます悩であることは言葉の語感からわかるものの、煩悩が身を煩わす煩であるということが長い間よくわからなかった。しかし今は、煩とは肉体的苦痛、たとえば先ほど述べた咳やおできなどを指すと理解している。痛み、かゆみ、発熱、嘔吐・下痢、疲労、腫れ、出血、動悸、痙攣、麻痺、ふるえなど肉体を痛めるのが煩で、悩み、悲しみ、怒り、ねたみ、不安、心配、恐怖、驚きなど心を痛めるのが悩で、これらはすべて煩悩である。そして、これらの煩悩の奥底に迷い、無明がある。つまり、自分を一つの自主独立の生命体とする迷い、無明こそ根源的煩悩である。

現実世界で個として生きるということは、煩悩と離れては成り立たないということである。このことは、「煩悩熾盛《ぼんのうしじょう》の衆生」（『歎異抄』一）、「煩悩成就の凡夫」（『教行信證　信巻』

一一〇六頁)、「煩悩を具足せる凡夫」(『教行信証　行巻』三四六頁)、「無量の煩悩」(『教行信証　真仏土巻』一四二二頁)などという言葉によく表れている。

阿弥陀仏は違う。法蔵が一介の人間としてこの現実世界に現れたときには、個として生きる煩悩成就の人間であったはずである。しかし、無差別智を得て、阿弥陀仏となったときには個ではない。不生不滅の大生命体である。現実社会に個として生きる一生命体ではないから、いかなる煩悩も起こりようがない。阿弥陀仏に煩悩はあり得ない。

逆に言うと、衆生が差別智しか持ち合わせず、無差別智を持たないことが、自他の区別や、我という一生命体ありとする無明の起こる理由である。煩悩の元は無明であり、その無明の理由は差別智で生きるということにある。だから煩悩の一番根底にあるのは、無差別智でなく、差別智で生きるということである。

九、人生は苦なり

仏教では、「苦《く》・集《しゅう》・滅《めつ》・道《どう》」の四つの基本的真理があると言われている。それを四諦《したい》と言う。諦とは真理という意味である。その中でも最も基本的な第一の真理は苦諦《くたい》で、「人生は苦なり」ということである。その「人生は苦なり」の根源、煩悩の根源は、先ほどから述べている認識違い、迷い、無明にある。迷い、無明こそ人生の苦の根源である。自分を一つの独立した生命体とした場合、統合主体はできるだけ容易に、できるだけ長くその秩序を維持するために働く。それが生きるということである。それが容易に達成できないところに生老病死《しょうろうびょうし》の根源的苦難が出現する。そしてこの根源的苦難からさまざまな人生の問題が派生することになるのだと、私は皆に話すのである。

体や心の健康問題も、貧困の問題も、年金の問題も、道徳の問題も、核兵器の問題も、とにかく人生のあらゆる問題の起源は、ほかでもないこの迷い、無明にある。私やあなたがそれぞれ独立した生命体であるとするから、苦が出現する。

人間だけではない、ありとあらゆる生物学的生命体が同じ理由で苦しまなければならない。他の生命体を食べるために難儀な狩りをするのも、逆にそれから逃れるために戦ったり、逃げたり、隠れたりする苦労も、あるいはついに食べられたり、病原体と闘って勝ったり負けたりする苦しみも、己を一つの生命体とし、それを維持しようとするところに起源がある。

この迷いを断ち切ることができれば、つまり自分は一つの生命体でないという真実に目覚めれば、その生命体を維持する必要がなくなるから、人間（のみならずあらゆる生命体）の悩み、苦しみ、悲しみは成り立たなくなる。消滅する。これを、一切の苦しみから「解脱する」と言う。

また逆にこの迷いを脱しなければ、人間の悩み、苦しみは永遠に続く。食糧難の問題を克服しても、戦争を終えて平和を勝ち得ても、あらゆる病気の治療法、予防法を開発しても、衆生の苦しみはなくならない。だから仏教の救いとはこの解脱を意味するもので、健康や世の泰平、護国豊穣などのことではない。前に述べた、重誓偈の第一、第二の誓いの理由（六二～六六頁参照）はここにある。

十、人の営みと迷い

人の歴史、すなわち人類はこれまで、人生の諸問題を解決すべくさまざまな努力をしてきた。現在も、そしてこれからの将来もさまざまな努力を続けるに違いない。ところが残念ながらそれらはすべて、諸問題の起こる根源的起源を履き違え、己の迷いを棚上げにしたままの努力でしかない。

『歎異抄』十九に、

煩悩具足の凡夫、火宅無常の世界は、よろづのこと、みなもつてそらごとたはごと、

まことあることなきに……。（『浄土真宗聖典　註釈版』八五三頁）

と述べてあるのもこのことだと思う。迷い、見当違いを出発点とし、あらぬところに心を奪われてさまよっていると言うのである。それゆえいつ果てるとも知れない苦難の世界を、火宅だと言うのである。

「世間虚仮《せけんこけ》、唯仏是真《ゆいぶつぜしん》」というのは聖徳太子の言葉だが、この「世間虚仮」も同じことを言われたのだと思う。

生命体は迷っているがゆえに、自分が容易に、長く生きるために有利なものを求め、不利なものを避けようとする。それが欲望である。そして人はその欲望に順位、ランクづけをする。たとえば呼吸をしたいという欲望は何より上位にランクづけし、以下、上から順に、痛みから逃れたい、かっこよく見せたい、お酒を飲みたい等々、無限の欲望が続く。

そして欲望順位によって人、物、事柄に優劣をつけたり、価値体系を作る。つまり、上位の欲望を満たすものを価値が高いとし、下位の欲望を満足させるものを価値が低いとする。だから人工呼吸などの救命、延命は最も価値が高く、逆に顔のしわをとるとか、お酒を飲ませてくれるなどは、それに比して価値が低いとする。

正邪の判断もこの欲望順位に基づく。上位の欲望を満たすために、下位の欲望を犠牲にするのは正当で、下位の欲望を満たすために上位の欲望を犠牲にするのは邪とみなす。延命のために痛い手術を受けるのは正当とみなすが、手術の痛みをのがれたいばかりに命を落とすのは、邪というか、馬鹿らしいとみる。

道徳的善悪もこの欲望順位を基本としている。自分の上位の欲望を犠牲にして、他人の欲望を満たすのを美徳とし、他人の高位の欲望を犠牲にして、自分の下位の欲望を満たそうとするのを悪徳とする具合である。

欲望が人の迷い、無明に基づくものであるから、優劣はすべて無明、すなわち、根源的事実の無知から始まっていると言える。だから、「ああすべき」「こうすべき」と賢そうに言ったところで、問題の根幹を履き違えているのである。倫理、道徳、あるいは人の良心と言われるものも、大抵は人の迷いを前提に成り立っている。

親鸞の『正像末和讃《しょうぞうまつわさん》』「自《じ》然法爾章《ねんほうにしょう》」に、

よしあしの文字《もんじ》をも知らぬひとはみな
まことのこころなりけるを
善悪の字知りがほは
おほそらごとのかたちなり（『浄土真宗聖典　註釈版』六二二頁）

とあるのはそのことを物語っている。社会の規範、人の判断基準、善悪の判定の基本が誤っている、迷っている。実に、「みなもつてそらごとたはごと、まことあることなき」である。

十一、思いやりも心の狭さ

講演会の講師の接待係を担当した、ある校長先生の話である。

講師は幼いとき事故で両腕を失くした方だったそうである。先生は講師の方を駅で迎えて早速昼食を差し上げなければならない。数日前から、両腕のない方に一体何を食べてもらうべきか考えあぐねていたが、レストランに案内したときにも名案はまだ浮かばないままだった。にぎり寿司くらいなら食べやすいのではなかろうかと考えながら、ウインドウの前で、

「何かご希望がありますか」

と尋ねると、その講師の方は、

「何でも結構です」

と言われる。口には出さぬものの、「何でもと言われても、うどんやそばは到底無理だろ

うに」と思いながら、

「まあ、遠慮せずに何でもご希望を言ってください」

とさらに催促すると、

「それでは、こちらのA定食をいただきましょう」

と言われる。その定食には素麺の入ったお汁もついていて、本当に大丈夫だろうかと一抹の不安を抱えながら、お客さんの少ない二階の部屋へ案内した。両腕を使わず、口だけで食べるのだから、格好悪く、他人さまに目立たないほうがよかろうと、部屋の一番奥の席に座ってもらい、自分はほかのお客さんの視線を遮るように手前に座った。

その講師の方は、料理が運ばれてきたとき、テーブルの手前を見つめながら、

「恐れ入ります、ここに一列に並べてください」

と、たった一つだけ注文をつけられた。そしてその後はとても上手に、美味しく、そして本当に楽しく食べられたというのである。

その様子を見ていて、校長先生は自分が実に恥ずかしくなったと言われる。それまであれこれ講師の方のことを思い遣っていたと考えていたが、実は両腕なくして食事をするのは、格好悪いことだと軽蔑していたのだと気づいたと言われるのである。

人は意識的、無意識的にすべてに優劣、善悪をつける。思いやりは人の社会では、必要

不可欠で貴重ではある。しかし、思いやり的行為のみならず、人が言動をする出発点には、いつも欲望に基づく優劣がある。たとえば人に親切にするのも、苦しんでいる人を見るよりも、その人が苦しみから解放されているのを見たいと思うからだ。そのほうが自分が楽なのである。このように思いやりの中にも欲望が渦巻いている。つまり、思いやりといえどもそれは、善悪、優劣に基づく否定、軽蔑から始まっているのではないか。悲しいことだが、人の善意の限界である。

われわれが病人を前に、「どうぞ早く治りますように」と願うのも、最先端の治療を行うのも、体が衰えていく人に「せめて命だけでも」と祈るのも、懸命の延命処置を講じるのもみな同じことである。人の慈悲が小悲だと言われる所以である。

それに対して、無差別智の阿弥陀仏に優劣はない。手足を自由に使えるのも両腕がないのも、病気も健康も、短命も長寿も全く平等である。

一切は平等で、腕がないことも、病気も、短命も問題にならない。だから一切の拒絶がない。すべてをあるがままで、何の躊躇もなく受け入れてくださる。「そのままでよい、何ら変わる必要はない」と絶対的に肯定してくださる。これこそ純粋な優しさである。だから愛であり、慈悲である。仏の慈悲が大悲であると言われる所以である。

人の思いやりを非難しているのではもちろんない。仏の慈悲の偉大さ、ありがたさと、人の思いやりの悲しい事実を言っているのである。悲しいかな、人の思いやりといえども、その本質は純粋な優しさではない。拒絶の範疇にある。拒絶は愛ではない。慈悲ではない。残念ながら、思いやりも心の狭さである。

やはり「よろづのこと、みなもつてそらごとたはごと、まことあることなきに……」である。

十二、根幹を踏み外した問題解決の努力

医学全体についても同じことが言える。確かに医学は最近目覚ましい発展を遂げた。一見、このままいくと多大な福音をもたらしそうである。

しかし、生殖医学や堕胎につながる胎児診断などは、生命倫理の観点から多くの矛盾が指摘され、この分野の発達や進歩自体が疑問視されている。治る見込みのない患者さんの生命維持装置などについても同様である。「あちらを立てればこちらが立たず」である。

医学、医療も人の問題の起こる根源を履き違えたままである。所詮個々人がそれぞれ一つの生命体であるとして、その生命体の秩序を維持し、容易に生き続けさせることを目的とする誤った発想の域を出ていない。どんなにもがいても矛盾は拡大するばかりである。

だから、本当の意味での福音は期待できない。

考えてみるがよい。医学は目覚ましい進歩を遂げてきたが、人の健康に関する問題は一向に減らない。毎年開催される医学関係の学会の数、そこで発表される論文の数は幾何級数的に増加している。それは研究すべき問題がそれだけ増加しているということで、医学が進歩すればするほど問題が増えるということである。一つの問題が解決するということは、数多くの新たな問題の出現を意味する。この方向で、将来の何時の日か、人の健康に関する問題がすべて解決したという日が到来するとは到底考えられない。

よし、百歩譲って人の健康に関する問題がすべて解決したとしよう。それでも、たとえば食糧の問題、水の問題、気象の問題、イデオロギーの問題等々、人を悩ます問題は数限りなく迫ってくるに違いない。この方向では人が苦悩から解放される日は永遠にあり得ない。逃げ場のない火宅である。

科学全般とて同様で、どんなに発達しても本当の意味での問題解決にはならない。問題解決どころか、はるかに大きく解決が困難な新たな問題が次々生み出されている。核兵器や地球温暖化、オゾン層の破壊などはほんの一例に過ぎない。科学、医学だけではない。文明がこれほど進歩したのに、世の中、困難な問題が山積しているではないか。しかも、少子高齢化だとか、地球温暖化など解決策の構想さえ見つかっていない。実際「昔のほうがよかった」と思う人、あるいは思う場面は決して少なくないではないか。

出発点が間違っているから、どんなに真心を込めて解決しようとしても問題は解決できない。経済も政治も、教育も文化も、平和も戦争も、道徳も倫理も、医学、工学、文学、歴史学、経済学、政治学、農学などおおよそ学問と名がつくものもほとんど、人間の根幹を踏み外した認識、迷いから出発している。あらぬ方向で問題を解決しようとしている。ありもしない幻の生命体を守り、それに有利になることを目的にしているのである。

かと言って、このような努力を止めれば問題が解決するというのでもない。止めること自体も同じ迷いからの出発である。進むも、止まるも戻るも難問ばかりである。本当に逃げ場のない火宅である。

四章の世間智の説明（三六頁）で、高度な学問的智慧も、政治・経済的智慧もすべて世間智であり、それは邪智に属すると言ったのはこのことである。そうだとすれば、「世間智邪智」という言葉もよく納得がいく。世間智はすべて差別智を基に築かれている。盲智とは無明の智と解すると、「差別智盲智」もなるほどと合点がいく。

『歎異抄』四の、

慈悲に聖道《しょうどう》・浄土のかはりめあり。聖道の慈悲といふは、ものをあはれみ、かなしみ、はぐくむなり。しかれども、おもふがごとくたすけとぐること、きはめてありがたし。

あるいは、

今生に、いかにいとほし不便《ふびん》とおもふとも、存知のごとくたすけがたければ、この慈悲始終なし。（『浄土真宗聖典　註釈版』八三四頁）

の言葉もこのことだと思う。

仏教では、慈悲の慈とは苦を取り去ること、悲とは楽を与えることということになっている。「始終なし」とは徹底していないという意味である。聖道の慈悲とは、浄土の慈悲に対する言葉で、人間的慈悲のことである。結局のところ、それぞれが一つの生命体として生きるための慈悲、幻の生命体を大切にする慈悲ということである。助ける側も助けられる側も、迷ったままである。

他人の利益のために、人の純粋な善意から努力する慈悲であったとしても、その善意が思い違い、迷い、無明から始まっている。フレディの「やがて冬が来ると、枯れて落ちてしまう」という不安や、恐怖や悩みを取り除こうとする類の慈悲である。冬が来ても青々とした葉っぱのままであり続けさせることは不可能であるし、枯れて落ちる不安を、他の葉っぱもそうだからとか、枯れ落ちるのはそんなに痛みを伴わないなどと慰めても、あるいは接着剤で補強しても本当の解決にはなり得ない。そんなことでは、「おもふがごとくたすけとぐること、きはめてありがたし」だと言うのである。

六章　信を得る

一、親鸞から学んだこと

私が親鸞から学んだことは、「私は決して自主独立ではない、阿弥陀仏に支えられている。木についている葉っぱのようなものだ」「私は阿弥陀仏に在らせられている」「私と阿弥陀仏は一体である」「私はすでに往生浄土を遂げている」「私は浄土にいる」「私はすでに救われている」ということである。

フレディの芽が春に出るのも、次第に人の手のような形になるのも、春の淡い黄緑から夏にかけて濃緑色に変わるのも、さらに秋に紅葉するのも、フレディ自身がそうしているのではなく、すべて楓の木の為すことである。それと同じように、私が生まれ、成長し、老いるのは、あるいは私が存在し、考え、語り、動くのはすべて、阿弥陀仏の為すことである。私は阿弥陀仏の命の営みの現れである。私を他にして阿弥陀仏はない。親鸞から学んだことはそういうことである。

これを「信を得た」と言うのだと思う。浄土真宗で言う「信を得る」とは、私と阿弥陀仏の関係に目覚めることであると思う。主我的在り方から主阿弥陀仏的在り方に変わることである。

前にも述べたように、十劫の昔、法蔵が無上道に至って、つまり、無差別智を得て阿弥陀仏になったとき、法蔵の側ではすべての衆生の往生浄土は成就した。客観的事実として衆生はすべて浄土に往生している。しかしその客観的事実は、個々の迷える衆生にはまだ生きた事実になっていない。法蔵の側で成就している客観的事実としての往生浄土は、個々の衆生にとっては自分と無関係な事実のままで残っている。

『安心決定鈔　本』の言葉を借りれば、「衆生往生せずば仏に成らじと誓ひたまひし法蔵比丘の、十劫にすでに成仏したまへり。仏体よりはすでに成じたまひたりける往生を、つたなく今日まで知らずしてむなしく流転しけるなり」である。

信を得るとは、自分がすでに浄土に往生していることが、「なるほど」と腑に落ちることである。「知らずしてむなしく流転」していた者が、己の往生浄土の事実に目覚めることである。信を得るとは、悟ることである。難しい言い方をすると、法蔵の側で完成している私の往生浄土を主体化するということである。客観的事実としての往生浄土が自分にとって生きた事実になることである。だから信を得たところが私の側における、つまり主体的な往生浄土である。

二、浄土真宗の信

私たちは、たとえば「警察官は盗みをしないと信じていたが、警察官が強盗を働いた。そして皆の信頼を裏切った」とか、「信じていた学校の先生がわが子に痴漢を働いた」「浮気など絶対にしないと信じ切っていた夫が、長年浮気していた」などと言うのを聞くことがある。しかしこのような場合の「信じる」や「信頼」は、本当のところはあやふやであるのに勝手にそうだと深く思い込んでいただけで、実際は、それらは単なる誤解に過ぎなかったということである。「信」ではない。「本当かどうかよくわからないが、賢そうな方の言われることだから一か八か信じてみよう」などと言うのも単純な「鵜呑み」で、本当は信じていない。自分を信じて頑張るとか、結果を信じてまい進するなどと言うときも、勝手に決めつけているだけで信じてなんかいない。

浄土真宗の門徒の中にも、信じるとは「深く思い込む」とか、「鵜呑みにする」「決めつけて、疑わないように努める」という風に考えている人も少なくないように見える。しかしこれと浄土真宗で言う「信」とは大きく異なる。

浄土真宗で言う「信じる」とは、阿弥陀仏と私の関係を了解して納得することである。明瞭にわかる、悟ることである。２＋２＝４とわかることが２＋２＝４であると信じることである。２＋２＝４をわからずして２＋２＝４を信じることはできない。またどこの誰が２＋２＝５であるという新説を立てようと、どんな数学者が２＋２＝３であると力説しようと私たちは動じない。信じるとはそういうことである。同じように浄土真宗で言うところの信じるとは、はっきりわかることで、わかるとは疑う余地がないこと、真実に基づいていていて動揺しないことである。ひっくり返ることはない。

だから『教行信證　信巻』（四八三頁）には、

たまたま浄信を獲ば、この心顚倒《しんてんどう》せず、この心虚偽《しんこぎ》ならず。

と断定されている。

信じるとはもちろん、単に知識として知ることでもない。「何々だそうだ」「何々だと言われている」という類ではない。たとえば「地球の東西径は南北径より少し長く、地球は完全な球形ではないそうだ」は学説的に正しくても、普通われわれは「そんなものかな」と受け止めるくらいで、心底納得はしていない。知識としては正しくても信じていることにはならない。だからたとえば、「人工衛星を使った新しい測定法によると、東西径より南北径のほうが少し長い」という新説が出されると、そうかも知れないと思ってしまう。浄土真宗の「信」はそんな不確実なものではない。不動で堅固で、金剛心とも言われる。ふらふら揺らがない。わかっているから、悟っているからである。

だから、「信を得る」とは、「私は阿弥陀仏に支えられているんだって」「私は自主独立ではないんだって」「私は阿弥陀仏と一体だそうだ」というのではない。信とは当たり前で明白な事実として、心底了解できる状態である。逆に言うと「自分は自主独立ではなく、阿弥陀仏に包み込まれ、一体化されている」事実に全く疑う余地がない状態である。誰が何を言おうと、何が起ころうと全く動じない状態である。2＋2＝4を全く疑わず、誰が何を言おうと、何が起ころうと動じないのと同じである。金剛堅固である。

『教行信証　信巻』（六七三頁）に、

> 信にまた二種あり。一つには聞《もん》より生ず、二つには思《し》より生ず。この人の信心、聞よりして生じて、思より生ぜざる。この故に名づけて信不具足とす。

と述べてあるのはこのことである。ただうわべだけを聞いて、知識として知ってはいるが、教えを心から了解、納得していないのを「聞より生じる信」だとして、不完全な信であると言うのである。よーくわかって、心から納得し、腑に落ちるのを「思より生じる信」だとし、こちらが浄土真宗の言う「信」だとするのである。

三、二　忍

繰り返すことになるが、信を得てみると、目覚めてみると、今まで自主独立だと思っていた自分は、他に依存している。阿弥陀仏に在らせられている。自律ではない、根幹は他律である。しかも、私がどのようにあろうと私は仏の抱擁を離れて在ることはできず、そして私は一時たりとも仏から放たれることなく常に支えられている。そのことによって初めて私として存在できる。目覚めてみると、それが事実である。

楓の木あってのフレディのようなものである。私の言うこと為すこと思うことはすべて、いや私の存在自体が阿弥陀仏の営みになっている。もちろん私は一つの生命単位ではない。私はすでに阿弥陀仏に包み込まれて一体化されている。一体化されているとは、私という一つの独立した生命体はなく、あるのは阿弥陀仏だけであるということである。私は阿弥陀仏に溶け込んで阿弥陀仏になっている。これまで自主独立だと思っていた私の在りようは、ひっくり返っている。そのことがよくわかる。これを悟忍《ごにん》と呼ぶ。忍とは忍可決定《にんかけつじょう》とも言い、確かに認めることである。信を得るとは悟ることである。

私と阿弥陀仏は一体である。私は仏に抱き込まれ、私と阿弥陀仏は別々ではない、すでに私は阿弥陀仏である。私の努力によるのではない、弥陀の一人働きでそうなっているのである。私の母親は、

不思議なり　本願他力の　おはたらき　弥陀同体とは　さても尊や

と詠んだが、全くそのとおりで、尊くありがたいことである。どうして喜ばずにいられよう。喜び踊躍《ゆうやく》する（おどりあがる）ほどのことである。それで喜忍《きにん》と言う。浄土真宗で言う信とはこういう状態である。それを信忍《しんにん》と言う。悟忍、喜忍、信忍を三忍《さんにん》と言う（『講解教行信證　信の巻』八八〇頁）。

観経というお経の中に、王舎城の悲劇という有名な物語がある。阿闍世というどら息子王子が、調達《じょうだつ》という悪友にそそのかされて父親の王を殺し、王妃でもあり母親でもある韋《い》提希夫人《だいけぶにん》を牢に閉じ込め、さまざまな危害を加える。牢獄の韋提希夫人は釈迦の教えを求め、ついに信を得ることができる。

『講解教行信證　信の巻』（八八二頁）には、その釈迦の説法の途中、韋提希夫人の眼前に阿弥陀仏国の清浄の光明が現れて、韋提希夫人が三忍を得るところが解説されている。その中に、「韋提希夫人は忽然として空中に阿弥陀仏を見た」との説明がある。阿弥陀仏を見たとは、肉眼で阿弥陀仏を見たのではもちろんない。

韋提希夫人が阿弥陀仏を見たとは、自分と阿弥陀仏の関係を了解したということだと私は理解している。韋提希夫人は自分と阿弥陀仏が別々の存在ではないことを了解したのである。「自分は決して自主独立ではない、阿弥陀仏に支えられている」、言うなれば「木についている葉っぱのようなものだ」と悟ったことを言うのだと思う。韋提希夫人はそれまで、阿弥陀仏は遥か彼方にましますと空想的に仰いでいた。実はそうではなく、本当の阿弥陀仏は今此処にましましたのである。足元から自分をそっくりそのまま包み込んで一体化していた。そしてその命が、この自分の中で脈打っているのを実感したのだと思う。悟忍である。そしてその事実を限りなく喜んだに違いない。喜忍である。これが韋提希夫人の信である。信忍である。つまり三忍である。韋提希は釈迦の説法によって信を得たのである。

これは泥凡夫《どろぼんぶ》の私が信を得たところでも同じである。今、阿弥陀仏に生かされている自分を見るのである。私が存在し、私が私としてあるその裏に、その支え手の阿弥陀仏を確認するのである。私と阿弥陀仏とは切っても切れない関係にあることを了解するのである。私の三忍と韋提希夫人の三忍とは同質である。

『正信偈《しょうしんげ》』（『教行信証　行巻』四四六頁）には、信を得た者が韋提希夫人と同じように三忍を得ることが謳われている。

開入本願大智海《かいにゅうほんがんだいちかい》　行者正受金剛心《ぎょうじゃしょうじゅこんごうしん》
慶喜一念相応後《きょうきいちねんそうおうご》　与《よ》韋提等獲三忍《いだいとうぎゃくさんにん》

とある。「阿弥陀仏の広大な智慧に満ちた本願の海に帰入すれば、一切の衆生は他力金剛の信心を得さしめられる。そして往生成仏間違いないと自然に喜びの心が湧いてくる。弥陀の本願に相応したこの慶喜の一念が起こったとき、韋提希夫人と同じように三忍を得ることができる」というものである。

四、念　仏

蓮如上人の『正信偈大意』に、

一心念仏の行者、一念慶喜の信心さだまりぬれば、韋提希夫人とひとしく喜悟信の三忍を獲べきなり。（『浄土真宗聖典　註釈版』一〇三五頁）

とあるのも、上に述べたことと一致する。

念仏とは仏、阿弥陀仏を念じるのである。阿弥陀仏の何たるかをわかって、その阿弥陀仏を念ずるのである。私にとって切っても切れぬ関係にある阿弥陀仏を念じるのである。今、いや億劫の昔から永遠の未来に向かって、私を支え続けてくださる阿弥陀仏を念じるのである。阿弥陀仏とは私と無関係な阿弥陀仏ではない。私をして私たらしめてくださる阿弥陀仏である。一刻も離れず、私を常にしっかりと支えてくださる阿弥陀仏である。しかも永遠の昔から、永遠の未来まで支えてくださる阿弥陀仏である。

逆かも知れない。念仏とは阿弥陀仏に支えられている私を念ずるのである。私の何たるかを念ずると言うべきだと思う。阿弥陀仏なくしてはあり得ない私、阿弥陀仏あって初めてあり得る私をはっきりと認めるのである。自主独立ではなく、阿弥陀仏に全面的に依存している私である。念仏とはこの「私と阿弥陀仏の関係」を信知することである。

葉っぱのフレディが次第に人間の手のような形になり、夏の緑色から秋の黄金色に変わるのは、その裏に楓の木が存在することを意味する。フレディがフレディとして在るのは、その裏で楓の木がフレディをしてそう在らしめていることの証である。同じように今私がこうしてここに存在するということは、阿弥陀仏が現存して、私をしてそう在らしめていることの証明である。

五、口称念仏の南無阿弥陀仏

南無とは帰命だと言われる。南無阿弥陀仏とは阿弥陀仏に帰命しているということである。私が私の意志で帰命する、しないにかかわらず、その遥か前から私は阿弥陀仏に全面的に依存している。すでに帰命している。元来私は南無阿弥陀仏である。だから信とは南無阿弥陀仏の自分に目覚めることであるとも言える。念仏とは本来の事実に目覚めた状態である。口で称える南無阿弥陀仏は信の発露である。だから念仏は信そのものである。『教行信證　信巻』（五〇八頁）に、「如実修行相応」「不如実修行相応」ということが述べられている。念仏して、口に南無阿弥陀仏と称えても、一向に救われている実感が伴わない。そのわけの説明である。

然るに称名憶念することあれども無明なほ存して所願を満てざるはいかんとならば、

実の如く修行せざると、名義《みょうぎ》と相応せざるによるが故なり。

星野氏の解釈（『講解教行信證　信の巻』五〇八頁）では、「しかし口に称名し心に弥陀の本願をかたくたもち念じているのになお無明が残存していて、衆生の願望するところが満たされないのはどういうわけであろうか。……何故かと言えば、それは、一つはその称名が口さきばかりで法の実体すなわちその内実にかなった称名念仏になっていないからである。……また名号を称えながら名号の義（いわれ）を聞きひらき、それに相応する行になっていないからである。……」となっている。

つまり事実に反して、自分は自主独立の一つの生命体で、阿弥陀仏と自分は別々の存在であると誤解したままでは、本当の南無阿弥陀仏になっていないと言うのである。つまるところ信なくしていくら口で「南無阿弥陀仏」と称えても、自分と阿弥陀仏との本当の関係を了解せず、事実とは全く異なることを想定していては、心がもやもやしていてすっきりせず、救われたという実感がないということである。

阿弥陀仏は私と切っても切れない関係にある。影の形に添うごとしてである。私の存在の裏には阿弥陀仏がある。念仏はそういう阿弥陀仏を念じるのである。私とは無関係の、たとえば仏像のような、忽然とした仏を念ずるのではもちろんない。そんな阿弥陀仏はあり得ない。頭の中に、自分が勝手に作り上げた阿弥陀仏を想像、妄想して「南無阿弥陀仏」と称えても、それは念仏にはならない。

たとえば、豆腐のことを念じなくては念豆腐にはならない。薄黒い、ぷるんぷるんとした物を念じながら、「豆腐」「豆腐」と言ったところで、それは念こんにゃくであって、念豆腐にはなっていない。海の上を、帆を張ってすいすい航行するものを念じながら、「飛行機」「飛行機」と口に称えたところで念飛行機にはなっていない。

念仏とは私を支え、私を包み込んで、私を一体化していてくださる阿弥陀仏を念じるのである。それ以外を念じても念阿弥陀仏にはなっていない。言い換えると、私が阿弥陀仏に全面的に支えられていることを念じるのである。それは結局のところ、私の一体何たるかを念じることになる。

六、死んだら仏様になる

さて信を得ると、私はもはや、六十年、七十年の人生を生きる私ではなく、不生不滅の阿弥陀仏に一体の私である。単なる一枚の葉っぱとして生きていたフレディが、今や楓の木そのものとして生きるようなものである。実は、元来そういう私であったものを、六十年、七十年生きる私と、今まで思い違いしていたのである。今やっと目が覚めたのである。目が覚めてみると私は永遠の命を生きている。不生不滅である。そのことを無生法忍《むしょうほうにん》と言う。三忍の内実は無生法忍で、無生法忍と三忍は同じことである。

信を得てみると、つまり迷いから目覚めてみると、自分は自主独立ではなく、阿弥陀仏に全面的に依存し、他律だということがわかる。だから信を得るとは、自分が自ら生きる一つの生命体ではない、自分に一つの命があるのではないということに目覚めることである。信を得るとは、気がついてみたら「今まであると思っていた命がない。今までの自分は死んでいた」ということである。

これを「大死《だいし》を死す」と言う。もちろん心臓が止まる生物学的死ではない。大死《だいし》一番《いちばん》の大死である。生物学的に生きながら、「大死を死す」のである。大死を死ぬことにより、むしろ本当の自分に生きるのである。命の次元が一つ上に上がって、阿弥陀仏の命に帰るのである。死んだら仏様になるとはこのことである。もともと仏であった自分に目覚めるのである。

『教行信證　行巻』（二七八頁）には禅の教えの、

性《しょう》を見、心を了《さと》るは便ちこれ仏なり。

という一文を引用してある。『講解教行信證　教行の巻』（一八一頁）では、「己が心性を見て仏性をあらわして、これをさとるのが仏である。心性《しんしょう》をさとって己が仏性《ぶっしょう》を見得したところが仏である」と訳されている。フレディがフレディであるのは楓の木の為すことである。フレディには楓の木の性《さが》がみなぎっていると言える。フレディの本質は楓の木である。気がついてみると、目覚めてみると、それと同じように私には仏の性《さが》（本質）、仏性がみなぎっているということである。目覚めてみると私の本質はすでに阿弥陀仏である。

よく世間で「死んだら仏様になる」と言われるが、それが、「心臓の拍動が止まる生物学的死を遂げると人間から仏様に変化する」という意味だとしたら、それは大間違いである。信を得ずして心臓が止まっても、仏様にはなれない。信を得ず迷ったままだと、心臓が止まって生物学的に死んだ後には、成仏ではなく輪廻転生が続くのである。つまり地獄である。死んだら仏様になる死は生物学的死ではなく、大死一番の大死のほうである。つまり信を得ることである。

七、小我と大我・真我

小我《しょうが》、大我《だいが》・真我《しんが》という言葉も学生時代に本の中で知ったが、長い間何のことかわからないままだった。しかし、これもこれまで述べてきた話の延長線上のことであると考えている。普通、自分だと思うこの私の心身は小我と呼ばれるもので、本当の自分はその奥にある全宇宙を覆う大生命体、つまり阿弥陀仏である。それを大我とか真我と呼ぶのだと理解している。フレディが小我で、楓の木が大我・真我に当たるのだと考えている。信を得るとは大我に目覚めることである。否、大我に目覚めて、今まで自分だと思っていたのは小我で、本当の自分ではないと悟るのである。

よく「無我」と言うが、小我に固執することからの脱却のことを指しているのだと思う。「無我になる」と言うが、実在するのは大我のみで、小我は迷いの作り出すもので本来は存在しない。そういう意味では人はもともと無我である。「我あり」と思うのは単なる迷いに過ぎない。「無我になる」とは結局のところ、迷いから目覚めることである。

八、即得往生

死んだら浄土に往生するというのも、死んだら仏様になるというのと同じである。信を得ずして、心臓が止まっても浄土に往生することはできない。逆に信を得たところが往生浄土である。主体的往生浄土である。

『愚禿鈔　上』四十五には、

本願を信受するは前念命終《ぜんねんみょうじゅう》なり、即得往生《そくとくおうじょう》は後念即生《ごねんそくしょう》なり、他力金剛心なり。（『浄土真宗聖典　註釈版』五〇九頁）

とあるし、『教行信證　信巻』（八四四頁）には、

前念に命終して、後念に即ち彼《か》の国に生れて、長時永劫に常に无為の法楽を受く。

と書かれている。信を得てみると、自分は一つの生命体だとこれまで思っていたのは迷いであった。迷いから目覚めてみると、あると思っていた命がない。小我の終わりである。ハッと気づいた得信のその瞬間に自分の命が終わっている。それを「前念に命終する」と言う。また、次のような行《くだり》もある。

仏の言はく、もし我成仏せむに十方の衆生我が国に生ぜんと願じて我が名字を称すること下十声に至るまで我が願力《がんりき》に乗じてもし生れずば正覚を取らじと。これすなはち

これ、往生を願ずる行人《ぎょうにん》命終はらむと欲する時願力摂して往生を得しむ。故に摂生《せっしょう》増上縁《ぞうじょうえん》と名づく。（『教行信證　行巻』二四四頁）

「もし私が仏になったとき、十方の衆生が我が浄土に生まれたいと願って私の名号を称えるならば、たとえ一声十声の称名でも、必ず私の本願力によって生まれることができるであろう。もし生まれなかったら私は仏の悟りを開かないであろう。これは、往生を願う念仏行者の命が終わろうとするその瞬間に、阿弥陀仏の本願力がこの行者を摂取して往生を得させるということである。それで、摂生増上縁と言う」という意味である。

ここで言う「命終わらむと欲する時」というのも、決して心臓が止まる生物学的死のことではなく、生物学的に生きている間に信を得て、小我としての命が終息することを意味する。

そしてそれは同時に、阿弥陀仏に摂取されている自分の発見である。それは大我であること、本来の我、つまり真我であることの目覚めである。摂取する（救う）と言うと、摂取者と被摂取者の二つのものがあることになるが、実際は私と阿弥陀仏は一体である。阿弥陀仏の世界、浄土に溶け込んで一体となっている自分を発見する。それを「後念即生」「後念に即ち彼の国に生ず」「往生を得しむ」と言う。大我として本当の自分を生きることになる。

九、極　楽

「前念に命終して、後念に即ち彼の国に生まれて」の彼の国に生まれるとは、浄土、極楽に生まれるということである。極楽とは楽の極みである。金銀で飾られているなど、極楽はわれわれの欲望のすべてがかなえられる世界として、絢爛豪華に描かれ、語られている。どうしてそこがそんな極楽であるのか説明してみよう。

前にも述べたように、普通われわれが現実世界に生きるとは一生命体として生きることで、それは「わが身可愛さに徹すること」である。人の苦しみ、悲しみ、悩み、不安や、反対に喜び、楽しみ、安心、快楽などは、「わが身可愛さ」から始まっている。わが身を守るに好都合か不都合かで決まっている。ところが、わが身を守るのは難儀を極める。そこから煩悩が起こり、生老病死の問題に発展するということは前に述べた。

しかし信を得て大死を死ぬと、理屈の上では自分は一つの生命体でなくなる。「わが身可愛さ」に徹するわが身が、わが身でなくなっている。だから、生命体を守るためだったこれまでのような生命の営みのすべての意味がなくなる。煩悩が成り立たなくなる。生老病死の問題は全部消滅する。問題になりようがない。苦しみが成り立たない。苦しみがないから極楽である。

『教行信証　真仏土巻』（一四二九頁）には浄土、極楽の楽は大楽《だいらく》であると述べてある。そして大楽には四つの要素があるとされている。『講解教行信証　真仏土の巻』の説明（一四三〇～二四頁）をもとに概略を述べると、その四つとは、一つには断受楽《だんじゅらく》である。通常の快はその裏に常に不快や苦しみをはらんでいる。たとえば平和を喜ぶとしても、その平和がいつまでも続く確証はなく、喜びの裏には、いつまた戦争が勃発するかの恐怖が潜んでいる。平和が続くとしても健康の問題が残っている。断受楽はそのような通常の快、不快を受けない楽、いわばそのような快、不快を超えた楽である。二つには煩悩的な騒がしい楽ではなく、寂静楽《じゃくじょうらく》である。三つには真実の智慧に生かされる安らかさの覚知楽《かくちらく》、四つには生命体として崩れることのない確信からくる不壊楽《ふえらく》であるとされている。

四つの楽は、つまるところ、信を得て、自分が永遠に不生不滅の大宇宙を覆う大生命体であることを了知することにより得られる楽のことを述べたものと理解できる。そして、大楽では何一つ未解決の問題は残っていない。極楽浄土が金銀ルビーなどで飾り立てた世界として語られたり描かれたりするのも、その内実を示すためである。

逆に大楽以外、何物も人間の諸々の問題の完全な解決にはならない。個人的問題も人類共通の問題も迷い、無明にその根本原因がある。そこを放置したまま人間的智慧で解決しようとしても土台無理である。世間智邪智である。差別智盲智である。

仏教が経済的困窮者に手を差し伸べないとか、世界平和のために貢献しようとしないとか、社会の不平等を是正しようとしないなどと批判されることがある。社会的発想からは当然の指摘であるが、経済的困窮者への援助、世界平和の達成、社会の不平等の是正などでは残念ながら真の救済はできない。苦悩の衆生の完全な救いは浄土にのみある。仏教は、道理に基づいて問題を解決しようと言うのである。

十、横超断四流

信を得るとは、この私という個人に統合主体がないことの発見だと言った。阿頼耶識は真の統合の主体ではないのに、統合の主体だと錯覚している迷いの統合主体である。真の統合主体がないとは、輪廻転生がなくなることでもある。何せ輪廻転生する主体がなくなるのだから、輪廻転生は成り立たない。信を得ると、その場で、時を経ず極楽に往生するとともに、輪廻転生も終息する。

そのことを『教行信證　信巻』（八三二～三六頁）には、横超断四流《おうちょうだんしる》として説明されている。

必ず超絶して去《す》つることを得て、安養国《あんにょうこく》に往生して、横《おう》に五悪趣を截《き》り、悪趣自然《じねん》に閉ぢむ。

信を得ることにより大死を死んで、私という個としての生命体から脱却して、阿弥陀仏と一体になること、浄土に往生することを、「超絶して去つることを得て、安養国に往生して」と言っている。安養国とは浄土のことである。そして、個としての生命体でなくなり、迷いの主体の統合主体が消失するから、当然の結果として輪廻転生は終わり、苦しみの世界を巡ることがなくなることを「五悪趣を截り、悪趣自然に閉じん」と言う。五悪趣とは、地獄、餓鬼、畜生、人間、天上の五つの世界で、輪廻転生で巡る世界である。

『教行信證　信巻』（八三六頁）にはさらに続いて、

断と言ふは、往相の一心を発起するが故に、生《しょう》としてまさに受くべき生なし、趣《しゅ》としてまた到るべき趣なし。すでに六趣四生《ろくしゅししょう》の因亡《もう》じ果滅す、かるがゆゑに即ち頓に三有の生死を断絶す。かるがゆゑに断と曰ふなり。

とある。信を得て阿弥陀仏と一体になり永遠の命を生きるとは、個としての統合主体がなくなることであるから、生命体として生きる輪廻転生が終わるということである。「受くべき生なし、趣としてまた到るべき趣なし」である。

二章八節で述べたように、六趣とは五悪趣に修羅を加えたものである。四生とは生き物を出生の形態で分けた仏教用語で、人間や獣のような胎生《たいしょう》、鳥や魚などの卵生《らんしょう》、ぼうふらや虫など湿地の中から生まれる湿生《しっしょう》、地獄の衆生のように過去の己の業の力によって生まれる化生《けしょう》の四つを言う。つまり、輪廻転生を繰り返す迷いの生命体の総称である。その輪廻転生の原因である統合主体がなくなったのを「因亡じ」と言い、原因がなくなるからその結果の輪廻転生がなくなるのを「果滅す」と言うのである。三有というのは生命体の在り方で、食欲や性欲の強い欲界、欲望が一切ない光明の色界、そして形あるものが一切ない無色界の在り方のことである。個々の生命体はいずれかの世界にいるということで、やはり輪廻転生の世界である。信を得ると同時にそういう在り方がなくなるのを「頓に三有の生死を断絶す」と言う。そして続いて「四流」を解説している。

四流とは則ち四暴流《しぼる》なり、また生老病死なり。

四暴流とは欲暴流《よくぼる》、有暴流《うぼる》、見暴流《けんぼる》、無明暴流《むみょうぼる》のことで、結局これまで止むことのなかった煩悩の激しい流れのことである。信を得ると、その場で、時間を経ず、四暴流が治まり、個として生きる一切の苦しみ、生老病死から脱却するというのである。前の喩えで言うと、船底に穴の開いていないことを知って、たちまちにパニックが治まるようなものである。信を得たその場で、その瞬間に事態が変わるのを横超《おうちょう》と言い、事態の変化の内容が断四流《だんしる》と言うのである。

それで、『高僧和讃』に、

金剛堅固の信心の
さだまるときをまちえてぞ
弥陀の心光摂護《しょうご》して
ながく生死をへだてける（『浄土真宗聖典　註釈版』五九一頁）

と讃嘆しておられる。生死とは輪廻転生のことである。また信を得た後の状態について、上に述べたと同じ意味のことが『教行信證　信巻』（八四〇頁）に、

厭《いと》へば則ち娑婆永く隔《へだ》つ、忻《ねが》へば則ち浄土に常に居《こ》せり。隔つれば則ち六道の因亡じ、
淪廻《りんね》の果おのづから滅す。因果すでに亡じて則ち形と名と頓に絶うるおやと。

とある。『講解教行信證　信の巻』の解釈（八四一頁）では、「もし信心をいただいて、この娑婆を厭う心がおこるならば、その時にはすでに生死流転の因も果も断滅せられて、娑婆は永遠に隔てられているのである。このように信心をいただいて浄土を忻うならば、その人はもう常に浄土に居るのである」。

「信の一念のところに、娑婆の縁は断ぜられて、六道に輪廻するというその原因がなくなってしまうから、その結果である六道輪廻ということも自然に消滅してしまうのである。このように迷いの生死の原因も結果も消え失せてしまうものであるから、生死の形体も、その名も当然ないのである」と述べられている。六道とは六趣のことである。

難しいことを述べたがつまるところ、フレディの場合と同じである。フレディは葉っぱとして生きるがゆえに、悩み、苦しみが生じるわけで、フレディが楓の木として生きれば葉っぱとしての苦しみはなくなる。もしフレディが、「自分は葉っぱではない、楓の木そのものだ」と気づけば、その瞬間、これまでのフレディの苦しみ、悲しみ、心配、不安、恐怖はなくなるはずである。

人も本当の事実に気づけば同じことである。これまで一個の生命体だと思っていた人間は、実は大宇宙を覆う、永遠の大生命体である。しかもどんなに変化しても変化のない、不変の、不生不滅の大生命体である。そのことに目覚めると、その瞬間に生老病死の苦しみ、悲しみなどから解放されるということである。目覚めた瞬間にそうなることを横超と言い、生老病死の苦しみから解放されるのが断四流だと述べてある。

それは同時に、これまでのいわば迷いの統合主体が統合主体の座から転落して、輪廻転生の主体がなくなることである。だから輪廻転生も成り立たない。「生としてまさに受くべき生なし、趣としてまた到るべき趣なし。すでに六趣四生の因亡じ果滅す、かるがゆゑに即ち頓に三有の生死を断絶す」である。

十一、罪の消滅

信を得るともうひとつ重大な変化が起こる。それは人間として犯した罪が消えるということである。それだけではない、永遠の昔から輪廻転生を繰り返す間に犯してしまったすべての罪が消滅するのである。

人間が生きるということは苦しみ、悲しみ、悩み、不安などと裏腹であるから、人が救われる要件として、これらの苦しみから解放されることも重要であるが、罪から解放されることも同等あるいはそれ以上に重要である。しかも、重い罪から解放されてこそ、真の救いの安らぎと喜びがあるはずである。逆に言うと、罪意識のないところに救いはないと思う。

生命体はそれを維持するために、必然的に他の生命体を犠牲にする。たとえば人間は牛の大事な乳、せっせと蓄えたミツバチの蜜を横取りする。稲から米を取って食し、木にとって大事な若芽を摘んでお茶として呑み、野菜は根こそぎ取り上げて栄養にする。鶏の卵を横取りし、動物や魚を殺して食べる。牛や馬には人に都合のよい労働を強いるし、娯楽のためには鳥や虫をかごの中に閉じ込める。人間同士でも傷つけ合い、場合によっては殺人を犯し、戦争までするなど、生命体としての行為のほとんどが罪である。

自然界の動植物もそれぞれ、他を犠牲にしなければその生命を保つことはできない。生きるということは罪深いことでもある。人間は本能的にそれが罪であることを認識している。

しかし、そのような罪的行為を行うのも、その行為を罪と考えるのも、すべて人間が一生命体として生きるゆえである。罪とは、一つの生命体が自分の利益のために行う他の生命体に不利益になるような思いや言動ということである。だから社会的な罪は、二つ以上の生命体の間にのみ成立する。

逆にひとつの生命体内で、ある部分が他の部分に不利益を与えるのは罪にはならない。たとえば、胴体や頭が両脚に負担をかけることは罪とは考えない。あるいは腎臓が悪くなると、腎臓は腎臓の血流を増やすようにレニンという物質を出して血圧を上げる。その結果、高血圧となって脳出血をきたしたとしても、腎臓の脳に対する罪が成り立たないようなものである。

フレディが欲張って手を広げたくさんの太陽光を受けると、クレアの受けるべき光がさえぎられてしまう。クレアとフレディが別々の生命体なら、フレディは罪を犯したことになるが、大きな楓の木としては、木全体で充分な量の光が当たればよいのであって、どの葉っぱに多く、どの葉っぱに少なく光が当たるかは問題にならない。クレアとフレディが楓の木という同じ生命体であるという認識のところには、罪は成立しない。葉っぱとして生きると犯さずにはおれない罪も、楓の木として生きるところには罪は成り立たないことになる。『教行信證　信巻』（一〇七〇頁）に、

かの罪を造る人は、自ら虚妄顛倒《こもうてんどう》の見に依止《えじ》して生ず。

とある。「虚妄顚倒の見」とは、たとえば無常を常住と思ったり、苦を楽と思うことであるが、結局のところ、自分や相手がそれぞれ自主独立の生命体であるとする迷いのことである。「依止する」とは何々によるという意味である。自分を自主独立の生命体とする迷いのところに、わが身可愛さゆえに、相手に不利益を与える罪が生まれるということである。そして本来、自分も相手も同一の大生命体であるから、罪などつくっていないのに、罪をつくったと錯覚しているだけである。また同じことが『教行信證　信巻』（一〇七一頁）に、

かの罪を造る人は、自ら妄想の心に依止し、煩悩虚妄《こもう》の果報の衆生に依りて生ず。

と述べられている。相手が生命体でなければ罪は成立しない。「煩悩虚妄の果報の衆生に依りて生ず」とあるのも、相手を自主独立の生命体とする迷いのところに自分の行為を罪とみなすということである。罪を犯すのも、それを罪とみなすのも迷いである。煩悩である。本当のところは、つまり迷いから覚めたところには罪はあり得ない。それで『正像末和讃』に、

罪業もとより所有なし
妄想顚倒よりおこる
心性みなもときよければ
衆生すなわち仏なり（『浄土の哲学』五五頁）

と謳われている。ただ、この世には迷いの人ばかりで、目覚めた人があまりに少ないのである。だから同じことが、

罪業もとよりかたちなし
妄想顚倒のなせるなり
心性もとよりきよけれど
この世はまことのひとぞなき（『浄土の哲学』五五頁）

と述べられている。

『教行信證　信巻』（九二三〜一〇五八頁）には、涅槃経の阿闍世《あじゃせ》の物語が長々と引用されている。

阿闍世は現世の欲望の享楽にふけっていたが、わが欲望のために友人の調達《じょうだつ》にそそのかされて、無道にも父親である頻婆娑羅王《びんばしゃらおう》を殺害してしまう。さて殺してしまってから、さすがの阿闍世もその罪の大きさに後悔し、地獄に落ちることに恐れおののき、心身ともにやつれてしまう。われわれの常識からしても、父親の殺害は重罪である。

そんな阿闍世を助けようと次々に家臣が現れ、それぞれ当時の有名な知識人の説を紹介しながら、阿闍世には罪がなく、地獄に落ちることはあり得ないと説く。そしてその知識人のところに行って、身と心の病を治療してもらうようにすすめる。『教行信證　信巻』にはそのやり取りの様子が執拗なまでに引用されている。しかし、そのような家臣や知識人の説はいずれも論理性を欠いている。重大な過ちを犯した阿闍世にも納得できるものではない。読者のわれわれからしてもすべて屁理屈で、煩瑣で退屈で、なぜこれほどまでくどくど述べてあるのかと思えるほどである。それぞれの衆生がそれぞれ別々の生命体であるとする常識の前では、人を殺して、しかも自分を産み育ててくれた父親を殺して、それで罪がないなどとする論理は、いかなるものも正当性を欠いている。

しかし、ついに、耆婆《ぎば》のすすめで釈迦の説法を聞いて、阿闍世は重罪から救われる。

仏教的には人の犯す罪で最も重いのは五逆罪《ごぎゃくざい》、さらに重いのが謗法罪《ほうぼうざい》だと言われている。

五逆罪とは、（一）故意に父を殺す、（二）故意に母を殺す、（三）故意に羅漢（小乗の最高位の人で、すべての煩悩を断ってこれ以上学び修すべきものがない人）を殺す、（四）誤った考えから教団の和合を破壊する、（五）悪心を抱いて仏の身体より血を出す、の五つを言い、これを犯すと、阿鼻地獄《あびじごく》に落ちると言われている。阿闍世はまさに五逆罪を犯したのである。それが、釈迦の説法で罪の意識から解放される。つまり救われる。一体どういうことだろうか。

要は、阿闍世が釈迦の説法で信を得たということである。信を得てみると、ひとつには一切は空で、自分も、父親も、殺人という行為もすべて空である。だから父親殺しといえども、本当のところは空で、殺す、殺されるという実態はないことが納得できたということである。

もうひとつには自分も父親も、阿闍世や頻婆娑羅王というそれぞれ一個の生命体ではなく、阿弥陀仏（と一体）の大生命体であることを悟ることで、つまり、これまでの迷いから目覚めることで罪が消滅したのである。

自分が一個の生命体でなければ、相手を傷つけてまで生きようとはしない。五逆罪の行為の裏には「他の生命体を犠牲にしてでも、自分という生命体に有利になるようにしよう」とする意識がある。無明、迷いが五逆罪の基である。

また、その相手が生命体でなければ、傷つけたことにもならない。父親を一つの生命体とするから、父親殺しを罪だとみなす。罪とみなすその意識の裏にも無明、迷いがある。

さらに自分と他が同一の生命体ならそこには罪は成立しない。阿闍世も父親も同じ一つの生命体である。それを知らないから五逆罪を犯したと思うことになる。この点からも五逆罪は無明、迷いの為すことだと言える。五逆罪を犯す行為もそれを罪とする意識も、すべて無明の為す業である。

本来、自分という独立した生命体もなく、相手になるべき生命体（衆生）もないのである。あるのは阿弥陀仏という大宇宙を覆う全体的な大きな一つの生命体だけである。そこでは罪は成立し得ない。信を得たところではそれが明瞭にわかる。阿闍世は信を得ることによって罪から解放された。

ここでの議論は社会的・道徳的罪がなくなるということではもちろんない。父親殺しは社会も許さないし、自らも道徳的に許すことのできない重罪であることに変わりはない。取り返すことのできない社会的・道徳的罪を犯し、それを悩み、悔やむ者が、社会的・道徳的重罪を抱えたまま、宗教的に解放されるのである。

長々と涅槃経を引用し、一見して理屈に合わない論理がくどいほど展開されているのは、阿闍世の罪の意識が、自分と父親をそれぞれ一個の独立した生命体とする頑強な誤り、迷いによるもので、罪の何たるかを教えるものである。無明こそ罪の源であることを教えるものである。根深い迷いが罪意識の原因であることを教えるためである。それはそのまま阿闍世を介してわれわれ一般の迷える凡夫への啓発でもある。『教行信證』に執拗なまでに述べてあるのは、ほかでもないこの私にそのことを教えるためである。にもかかわらず愚鈍にも私はそのことに長い間気づかずにいた。

謗法罪は五逆罪よりも深く、人の犯す最も重大な罪だと言われている。謗法罪とは、法を謗る罪と書く。法とは私を在らしめているもの、つまり阿弥陀仏・浄土のことで、謗法罪とは社会的罪ではなく宗教的罪で、阿弥陀仏・浄土への反逆罪ということである。

もし無仏、無仏法、無菩薩、無菩薩法といはむ。かくのごときらの見《げん》をもて、もしは心に自ら解《さと》り、もしは他に従ひてその心を受けて決定するを、みな誹謗正法と名づくと。(『教行信證　信巻』一〇六四頁)

「仏などないとか、仏法などないとか、菩薩(仏道を求める者)や菩薩の法(仏道の法)などないと言い、このような見解を持っていて、自ら心でこのように理解し、あるいは他人に教えられてなるほどそうに違いないと心に決めてしまうのを、すべて正法を誹謗すると名づける」(『講解教行信證　信(続)証の巻』一〇六四頁)という意味である。

仏とは大宇宙を覆うたった一つの生命体である。それがないというのは、私と仏の関係を否定することで、フレディが「楓の木はない」と言うようなものである。無仏、無仏法とは、葉っぱと楓の木の関係のような阿弥陀仏と衆生の関係を無視することである。だから、無仏、無仏法などと心に決めるのは謗法罪だと言うのである。

ということは、謗法罪は自分を自主独立の生命体とするところに必然的に犯している罪である。人が人として個的に生きるとき、必然的に犯す原罪とでも言うべき罪である。私をして私たらしめている者への反逆である。自分で自分の首を絞めるようなものである。道徳的罪のことではない。もちろん社会的罪でもない。宗教的罪である。人だけの罪でもない、生きとし生けるものすべてが避けて通ることのできない罪である。

つまり「もし無仏、無仏法、無菩薩、無菩薩法といはむ」とは、迷い、無明が謗法罪であるということである。阿弥陀仏がないとすることも、阿弥陀仏に無関心であることも、阿弥陀仏を知らないことも自分を自主独立と誤認していることで、それが謗法罪であるということである。同じ論理で無宗教も立派な謗法罪である。謗法罪を犯さずして五逆罪を犯すことはあり得ない。五逆罪の基になる罪である。五逆罪よりも謗法罪が罪深い所以である。しかも謗法罪を犯した者は阿鼻地獄に落ちて、そこから永久に出ることができないと言われている。

実に「かの罪を造る人は、自ら虚妄顛倒の見に依止して生ず」「かの罪を造る人は、自ら妄想の心に依止し、煩悩虚妄の果報の衆生に依りて生ず」である。

有名な十八願は、

たとひわれ仏を得たらむに、十方の衆生、心を至し信楽《しんぎょう》してわが国に生まれんと欲《おも》ふてないし十念せむ、もし生れざれば正覚を取らじと。ただ五逆と誹謗正法を除く。（『教行信證　信巻』四八五頁）

である。意味は、「たとえ私が仏となるであろうとき、十方世界の衆生がまごころから一心に（至心）信じて（信楽）わたくしの浄土へ生まれたいと望んで（欲生）ないしはわずか十遍でも念仏するならば、必ず往生せしめるであろう。もし念仏して往生できないというようなことがあるならば、私もまた仏と成らないであろう。但し五逆罪を犯したものと仏の教を誹謗したものはこの救いから除外する」（『講解教行信證　信の巻』四八六頁）である。

この「ただ五逆と誹謗正法を除く」の解釈には多説あることは承知しているが、私は「もし生まれないなら、五逆罪や謗法罪を犯していないか、仏と自分の関係を無視していないか、胸に手を当てて考えてみるとよい」、さらに言うと、「もし阿弥陀仏の救いを実感できないなら、それは自分が一つの自主独立の生命体だと認識違いをしていて、自分と離れたありもしない別の阿弥陀仏を空想しているからだ」「阿弥陀仏と自分とが木と葉っぱのような関係であることを信知せずして、救いを求めてもそれは無理だ」というように解釈している。十八願の信を得られない者への大切な手がかり、ヒントである。いやこれが十八願そのものである。十八願はこうして凡夫に信を得させるべく働いている願である。

信を得ると、阿弥陀仏と自分の関係が明らかになる。罪の成り立たない構造が明らかになる。信を得るのと無明が晴れて罪が消滅するのは同時である。逆に信を得なければ、どこまでも自分を一生命体とみなすのだから、輪廻転生が続く。阿鼻地獄が続くわけである。「五逆罪や謗法罪を犯すと地獄に落ちる、そしてそこから脱出できない」というのは、罪に対する罰として地獄に落ちるのではない。信を得ず迷いのままでいる状態が、阿鼻地獄であるという事実を言うのである。

十二、信を得ても苦悩は続く

さてこのように考えてくると、信を得ると、人として生きる上でのすべての問題、つまり生老病死に集約できる苦しみ、悲しみ、悩み、不安などのすべては解決し、あらゆる罪と罪意識から解放されるはずである。一切は完結のはずである。そこは極楽のはずである。ところが事態はそう簡単ではない。

実は、信を得ても煩悩は続く。悲しみ、苦しみ、怒り、不安などは相変わらずである。気管にごみが入れば咳が出るし、指先にばい菌が侵入するとおできができる。お腹はすくし、眠くもなる。魚も食べるし、肉も食べるなど罪も犯すし、罪意識もある。信を得ても人間は人間である。即身成仏ではない。人間的苦悩はもちろん続くのである。

親鸞は他力の信を得た者の現実を示すために、『教行信證　行巻』に龍樹の十住毘婆沙《じゅうじゅうびばしゃ》論《ろん》を引用しておられる。菩薩が修行して仏になるのに五十二の段階があると言われている。一から十段階までの十信、十一から二十段階までの十住、二十一から三十段階までの十行、三十一から四十段階までの十廻向、四十一から五十段階までの十地、それに五十一段階目が等覚《とうがく》で、一生補処《いっしょうふしょ》とも言い、弥勒菩薩の段階である。そして五十二段階目が妙覚《みょうかく》で、妙覚は仏である。

他力信心の行者は他力の信に救われながら、菩薩五十二段階の第四十一番目の歓喜地《かんぎち》の菩薩と同じように、なお現実には煩悩の苦しみに覆われていることを表すものである。しかも、その引用文に無理な送り仮名、返り点をつけて読んでおられる。送り仮名、返り点なしの原文は、

如以一毛為百分以一分毛分取大海水若二三渧苦已滅如大海水余未滅者如二三渧心大歓喜（『教行信證　行巻』二一九頁）

であって、普通に読めば、「一毛を以て百分となし、一分の毛を以て大海水若しくは二三渧《たい》を分取するが如し、苦の已に滅するは大海水の如く、余の未だ滅せざるは二三渧の如し。心大きに歓喜する」となり、歓喜地の菩薩は、「一筋の毛を百に分けて、その百分の一の毛筋で以て大海の水を二、三滴分取したようなもので、滅した苦は大海の水のごとくで、残っているのは二、三滴の水のようなものである。そこで歓喜地の菩薩は大いに歓喜する」という意味になる。

しかし親鸞は故意に訓点を替えて、「一毛を以て百分となして、一分の毛を以て大海の水を分かち取るがごときは、二三渧の苦すでに滅せむがごとし。大海の水は余のいまだ滅せざるもののごとし。二三渧のごとき心大きに歓喜せん」と読み替えて、「百分の一の毛筋を以て大海の水を二、三滴汲み取ったごとく、そこで滅せられた苦は二、三滴の水のようなもので、未だ滅せられていない苦は大海の水のようなものである。二、三滴の苦が滅しただけなのに、歓喜地の菩薩は大いに歓喜する」と、全く反対の意味になるように変えられている。

親鸞は決して間違ってこのように読まれたのではない。信を得た者の現実的事実に基づけば、あえてこのように読むしかなかった。信を得ても、現実には苦しみは以前とほとんど変わりなく続くのである。

信を得たのだから、無我になって、在らされてあるという事実に忠実になれば、人間的苦悩から解放されてそれですむのに、事実に背いて相も変わらず自主独立的に生き続ける。信を得ても相も変わらず、自主独立の一生命体であるかのごとくふるまい続ける。虚しいことであり、不実である。だから苦悩は続く。そして残念ながら心臓が止まる生物学的死の到来まで、この状態が続く。

だとすると、今までの議論からは奇異に思われるに違いない。信を得ると、迷いから目覚めて、自己は阿弥陀仏の営みの現れであることが了解できて、一切の苦しみ、一切の罪から解放されるとする議論と矛盾することにならないか。どうしてこうなるのか。

十三、信も差別智、煩悩の働き

その理由はこうである。前に人間はもとよりあらゆる生命体は、統合主体以下、全身全霊が迷っている、脳細胞のみならず身体の全細胞が迷っていると述べた（八六頁〜参照）。

そして信は、阿弥陀仏と私の関係に目覚めることだと述べた。

実は、その信は脳の知的活動のほんの一部の目覚めである。その脳細胞以外の、体のほとんどすべての細胞・臓器はまだ目覚めていない。

しかも、信は脳の、しかもその一部の目覚めだと言っても、差別智の活動である。衆生が無差別智を獲得した上での現象ではない。人間はどこまでも、差別智しか働かない。

法性法身が、人間の差別智で感知できるように大転換したのが阿弥陀仏である。四章で説明したように、そもそも阿弥陀仏や浄土は、無差別智を得ることのできない衆生が差別智で認識できるための存在である。衆生が無差別智を得ることができるなら、阿弥陀仏も浄土も存在理由はない。そして阿弥陀仏の働きを衆生の宗教心が受け止めたところが信である。宗教心と言えども差別智である。念仏とは、人間の差別智で阿弥陀仏を念じることである。

普通は真如を観ずるときは名字（名称や形態）を離れ、心は念（思考）を離れ、無相離念（妄念を離れて対象の姿にとらわれないこと）になるべき、つまり無差別智で観ずるべきであるが、そのようにしなくても差別智で阿弥陀仏を念じること、つまり念仏が可能なことが『教行信證　行巻』（二一六九頁）に述べてある。

あに離念に同じて無念を求めんや。生を離れて無生を求めんや。相好《そうごう》を離れて法身を求めんや。文《もん》を離れて解脱を求めんや。

意味は、星野元豊氏によると「念仏はすがたを忘じ念を離れて無念になって念ずるのではない。また生を離れて無生無滅の理を悟るということもない。また、念仏はすがた形を離れて無色無形の法身を求める必要もない。また文字言句を離れる必要もない」(『講解教行信證　教行の巻』二〇七頁)ということである。

念や生、相好、文字や言葉を離れるとは、差別智を離れ、無差別智になるということである。その必要がないということは、結局のところ、無差別智でなくとも差別智で仏を念ずることができるということである。衆生の念仏は、無差別智を得ることのできない衆生が差別智で阿弥陀仏を念ずることである。

同様に信が差別智であることが、仏性の眼見《げんけん》と聞見《もんけん》という言葉で説明されている。

善男子、見に二種あり。一つには眼見、二つには聞見なり。(『教行信證　真仏土巻』一四九五頁)

それについての星野元豊氏の解説を頼りに理解すると、概略次のようになる。

信を得た衆生は十住《じゅうじゅう》（修行第十一から第二十段階）の菩薩に相当し、仏性を眼見したり、聞見したりすると言うのである。眼見とは掌の芥子粒を肉眼で見るがごとく明瞭に認識するようなもので、本来仏性を眼見できるのは仏の無差別智のみである。衆生は、信を得てわが身に満ち溢れる仏性を感知するとしても、それは差別智の為すこと、煩悩的作用のことで、仏様ほど明瞭には認識できない。それを聞見だとするのである。ただ信は、私の中で働く弥陀仏の働き、つまり仏性を確実に受け止めている。その確実性を眼見とも述べているということである。それで聞見もするし、眼見もすると言うのである。

花火を例として説明してみよう。耳でその音を聞くことでも花火が上がっていることはわかるが、花火の本当の美しさや鮮やかさは目で見ないとわからない。視覚で花火を認識するのが眼見、音を聞いて花火の上がっているのを認識するのが聞見で、聴覚でとらえても、花火が上がっていることは間違いなくとらえているから、間違いないという意味で、眼見とも言うようなものである。自分と阿弥陀仏の関係を、視覚で花火をとらえるようにわかるのが眼見で、聴覚で花火をとらえるようにわかるのが聞見に相当すると言える。衆生が信を得て仏性を認識するのは、無差別智によるのではなく、差別智による煩悩的認識であるということである。

念仏、信といえども、差別智である限りいまだ煩悩的活動である。法蔵菩薩が無差別智を得て完全に目覚めた悟りとは異なり、衆生の信は極めて不完全な目覚めである。

信が煩悩的作用であることは、『教行信證　信巻』の有名な「二《に》河白道《がびゃくどう》の譬喩」の記述（五七九頁）からも納得できる。

東の娑婆世界と西の極楽の間に二つの大河が流れている。片や荒れ狂う水に喩えられる貪りや愛着の煩悩の河が北に向かって流れ、片や燃え盛る炎に喩えられる憤りや憎しみの煩悩の荒波の河が南に向かって流れている。いずれも幅は百歩《ぶ》である。そしてその二つの河の間にわずか幅四、五寸、長さ百歩の白道が東岸から西岸まで横切っている。その白道は燃え盛る炎に焼かれるかと思えば、荒れ狂う濁流の波を被るを絶え間なく繰り返している。そういう情景が描かれている。ここで白道に喩えられるのは信である。つまり信は、煩悩とは別物ではなく、煩悩の中にある。信は煩悩的作用であるということである。

信を得ても、煩悩から脱却したことにはならないのである。身体のほとんどの細胞は迷いのままである。

七章　現生正定聚——煩悩熾盛の身のまま救われている——

信を得て即得往生した後も、なおも煩悩の盛んな生身の肉体のままであるこの矛盾した現実を現生正定聚《げんしょうしょうじょうじゅ》と言う。『愚禿悲歎述懐和讃』には親鸞自身の有り様を謳ってある。

浄土真宗に帰すれども
真実《しんじち》の心《しん》はありがたし
虚仮不実《こけふじつ》のこの身にて
清浄《しょうじょう》の心《しん》もさらになし（『浄土真宗聖典　註釈版』六一七頁）

信は迷いからの目覚めである。だから信は真実である。しかしそれは脳のほんの一部の活動、しかも煩悩的脳活動で、その他の人間の営みはすべて相変わらず虚仮である、不実である。清浄どころか煩悩ばかりの心である。親鸞自身のありのままの姿である。信を得ても、生物学的死が到来するまでこの生身の体がある間は、迷いの統合主体は相変わらず真の統合主体のごとくで、自主独立の一生命体であるかのようにふるまい続けている。上の和讃はそのことを謳ったものと味わうことができる。

それは同時に、阿弥陀仏に在らせられてあるという事実に反しているし、どこまでも阿弥陀仏に反逆的にふるまい続けるということでもある。負んぶに抱っこの赤ちゃんが、母親の意に背いて自分勝手にふるまうようなものである。たとえば母親が赤ちゃんにとって最適な母乳を飲ませようとするのを、赤ちゃんが、別の不適切な飲み物を欲しがって泣き続けるようなものである。そんな母親を蹴飛ばしたり、叩いたり、心配をかけたり、心悩ませたりするようなものである。

現生正定聚は自分の存在の根源である阿弥陀仏に従順でなく、反逆している。相も変わらず謗法罪の身である。

一、機の深信

信を得ると、むしろ、自主独立的にしか生きることのできない自分、自己肯定的、利己的にしか生きることのできない自分、「わが身可愛さ」から一歩も離れることのできない自分、無我になることのできない自分が明らかになる。信を得る前と何も変わらず、煩悩的に虚仮不実にふるまい続けている自己が明らかになる。いくら阿弥陀仏に従順に従属しようと努めても、どうしても反逆せずにはおれない自己である。現生正定聚とは人のそういう現実である。そしてそのことをしかと認識している。現生正定聚とはそういう人の在り方である。

『教行信証　信巻』に、二《に》種深信《しゅじんしん》ということが書かれている。「また二種あり」。信には二つの面があると言うのである。その一つは信じる側、つまり私について深く信じることで、機《き》の深信《じんしん》と言われる。機とは救われる側のことである。

> 一つには決定《けつじょう》して深く、自身は現にこれ罪悪生死の凡夫、曠劫《こうごう》よりこのかた常に没《もっ》し常に流転して出離の縁あることなしと信ず。（『教行信証　信巻』五二七頁）

「一つには、わが身は現在、罪悪のかたまりの凡夫であり、曠劫という久遠の昔から生死海に沈没し流転している。そして未来永劫にこれをのがれる縁を持たない、救われ難い凡夫であると深く信じることである」という意味である。なぜそう信じることができるかと言うと、本当は阿弥陀仏に全面的に依存していて、自主独立ではなく他律であるにもかかわらず、自分はどこまでも自主独立した一生命体として生きようとするものであることが明らかになるからである。信を得るとは自分が迷っていることが明らかになることでもある。そして自主独立であろうとしているとは、どこまでも阿弥陀仏に反逆しているということである。だから信は謗法罪を犯し続けている自己が明らかになることでもある。阿頼耶識が統合主体のごとくふるまい続けていることが明らかになる。それを罪悪生死の凡夫と言い、常に流転している、つまり輪廻転生を繰り返していると言う。自らはその迷いから脱することのできない身であることを、「出離の縁あることなし」と言うのである。

そして、信を得た者はその罪を身に沁みて感じる。いや、感じなければならないのに、感じることさえ忘れて自主独立的にあろうとする。相も変わらず煩悩に明け暮れている。どこまでも虚仮不実である。

『教行信證　信巻』（九一二頁）に、

悲しきかな愚禿鸞《ぐとくらん》、愛欲の広海《こうかい》に沈没《ちんもつ》し、名利《みょうり》の太山《たいせん》に迷惑して定聚《じょうじゅ》の数に入ることを喜ばず、真証《しんしょう》の証《さと》りに近づくことを快《たの》しまざることを。恥づべし、傷《いた》むべし。

「何という悲しい身の愚禿親鸞であることか。欲のうごめく煩悩の広海にどっぷり浸かって愛欲の生活を送り、世間の名声や利欲の山にうつつをぬかして、迷いさまよっている。すでに弥陀の大悲の光明に包まれ、それを受け入れるだけで成仏する現生正定聚の位を喜びもせず、真実の証に近づいていることを快いとも思わない。実に恥ずべきこと、痛ましいことである」とあるように、親鸞でさえ阿弥陀仏に従順になれなかったのである。

信を得ても、現実的には今までどおりの人間である。

二、阿弥陀仏の救い

しかし現生正定聚は、信を得ることにより人の在り方がコペルニクス的大転換をしている。人間として煩悩的に生きる現象は何も変わっていないが、天動説から地動説に変わったようなものである。信を得るとは、阿弥陀仏に反逆して、自主独立たらんとする自分が、反逆したまま、謗法罪の身のまま阿弥陀仏の懐に在らしめられていることも明らかになるからである。

木から離れた独立した葉っぱはあり得ない。フレディは、自主独立の一生命体として生きていると誤解していて、自分を在らしめている楓の木に対しては、反逆の身である。それでも、そんなフレディが楓の木にそのまま在らしめられている。それと同じである。阿弥陀仏は謗法罪の私を含めて一体化して阿弥陀仏である。現生正定聚にはそのことも明らかになっている。

人が一生命体として生きるとは、わが身可愛さに徹することだと何回も述べた。そしてそれはどこまでも利己的に、自己肯定的に考え、行動し、語るということだと述べた。

先の機の深信で、「自身は現にこれ罪悪生死の凡夫、曠劫よりこのかた常に没し常に流転して出離の縁あることなし」と言えるのは、自分が阿弥陀仏に全面的に依存し、自主独立ではないことがわかっていなければできないことである。わかって初めてできる。そして自分が自主独立でなく他に全面的に依存しているとは　自分が自分で生きていないということである。自己が根こそぎ否定されている。機の深信の内容は、わが身の絶対否定である。

この絶対否定は、どこまでも自己肯定的な自己からは出てきようがない。機の深信は他者からなされたものである。他力によるものである。阿弥陀仏の働きかけが私に現れたものである。これについては八章で述べる。

だからこの機の深信があるということは、すでに弥陀の働きに動かされているということである。それで二種深信の二つ目の、法の深信にもつながるのである。

法の深信とは、

二つには決定して深く、かの阿弥陀仏の四十八願は衆生を摂受《しょうじゅ》して疑ひなく慮《おもんぱか》りなく、かの願力に乗じて定むで往生を得と信ず。（『教行信證　信巻』五三七頁）

というものである。つまり、「阿弥陀仏の四十八願は必ず衆生を救い取ってくださると疑いなく、何の躊躇もなく、私は阿弥陀仏の本願力によって必ず往生させていただくと信ずる」ということである。信を得たところでは、どんなに阿弥陀仏に反逆していようと、反逆したまま無条件で阿弥陀仏に摂受されていることが明らかになる。この法の深信と機の深信は同時である。信の構造はこのようになっている。二種深信は信の構造そのものである。

『教行信證　行巻』（三二七頁）には、

摂取《せっしゅ》して捨てたまはず。故に阿弥陀仏と名づく。

の一文がある。信を得るとは、阿弥陀仏とはそういうものであることも明らかになることである。どこまでも反逆する私と、その私をどこまでも摂取してくださる阿弥陀仏の関係が明らかになる。

あるいは『歎異抄』三の有名な文章、

善人なほもつて往生をとぐ、いはんや悪人をや。（『浄土真宗聖典　註釈版』八三三頁）

も同様である。社会的に華々しい成功をおさめるどころか、社会で認められない人、何もうだつが上がらない人、人生に挫折を感じる人、家族や社会の期待にこたえられない人、あるいは社会的に悪事を働いてしまった人などで、この言葉に救われた人は多いに違いない。不甲斐ない身の自分が、あるがままで救われるとされることに心安らぐ人は少なくないだろう。もちろんその人たちも救われるのであるが、この言葉の意味するところはそれよりも遥かに深い。

ここで言う悪人とは宗教的悪人のことであって、社会的悪人だけではない。そもそも人として生きる者に宗教的善人などあり得ない。社会的には善人であっても、宗教的にはどこまでも一生命体として生きる、謗法罪の重罪を背負った者ばかりである。ここで言う悪人とは謗法罪の悪人のことを言い、それは、定善、散善という宗教的善を為すことができない人という意味である。道徳的な善人も悪人も、社会的に誉れ高い人も、悪名高い人も、法律を堅く守る人も違反する人も、とにかくすべての人である。もちろん私も例外ではない。阿弥陀仏とはその重罪を背負い、自らはその重罪から脱却できない者を救うための存在である。阿弥陀仏とは「悪人をや」のための存在である。

信は、わが身の重罪がわかるのと、その重罪の身が救われていることが同時にわかることである。信とはそういうことである。二種深信である。

あるいは同じく『歎異抄』九に、

しかるに、仏かねてしろしめして、煩悩具足の凡夫と仰《おお》せられたることなれば、他力の悲願は、かくのごとし。われらがためなりけりとしられて、いよいよたのもしくおぼゆるなり。（『浄土真宗聖典　註釈版』八三六頁）

とあるが、まことにそうだと思う。この「しられて」のところが信だと思う。

『正信偈《しょうしんげ》』に、

我またかの摂取の中に在れども、煩悩眼を障へて見たてまつらずといへども、大悲《だいひ》

倦《のうき》ことなく常に我を照らしたまふといへり。（『教行信証　行巻』四五〇頁）

とあるのも同じことで、「私のような極悪人もまた阿弥陀仏の摂取の光明の中に在るが、煩悩に眼を障えられて光明を見ることができない。それでも弥陀の大悲はものうきことなくして、常に私を照らし続けてくださる」という意味で、信を得た者の幸せを述べたものである。

　これらはいずれも、信を得てもなお、煩悩的に、一生命体のごとくにしか生きようがない現実でありながら、それがそのまま阿弥陀仏と一体化されている矛盾した現実を物語るものである。煩悩熾盛《ぼんのうしじょう》の身が煩悩皆無の阿弥陀仏に融合している。

　この状態をもっと卑近な喩えで言うと、母親に抱っこされた子どもが「お母さんの馬鹿、馬鹿」と言いながら、お母さんを叩いているようなものである。子どもがどんなに悪態をついてもお母さんは決して子どもを離さない。子どもはしっかりと保持し続けられている。否、悪態をつくことはお母さんに抱っこされていなければできないことである。

　それと同じように、私がどんなに阿弥陀仏に反逆しても、私は阿弥陀仏から捨てられることはない。それどころか私の阿弥陀仏への反逆、つまり謗法罪は、阿弥陀仏に抱かれていて初めて可能なのである。だから謗法罪を犯しているということは、阿弥陀仏に抱かれている証拠でもあるわけである。

信を得るとそのことが明らかになり、それがこの上なく嬉しいのである。現実の人間的苦しみの奥に、いわば一次元上のそれをひっくり返すほどの大きな喜びが存在するということである。現生正定聚はその喜びをしみじみと味わうのである。

だから信を得たところでは、永遠の昔から輪廻転生を繰り返しながら、煩悩熾盛であり続け今に至っている私であることも、そんな私を在らしめ続けてくださる阿弥陀仏に、今なお反逆し続けていることも、本質的にはすでに解決している。

三、宗教的喜び

人間である限り、現実的には確かに生老病死の問題に悩み、苦しんでいる。それでも問題は本質的にはすでに解決している。そこが信を得た現生正定聚の喜びである。

それで、前章の十二節で述べた龍樹の十住毘婆沙論の歓喜地の引用部分（一四三頁参照）の後半部分（『教行信證　行巻』一三〇頁）が納得できる。

この菩薩所有の余の苦は二三の水渧《たい》のごとし。百千億劫に阿耨多羅《あのくたら》三藐三菩提《さんみゃくさんぼだい》を得といへども、無始生死の苦においては二三の水渧のごとし。滅すべきところの苦は大海の水のごとし。この故にこの地を名づけて歓喜とす。

である。阿耨多羅三藐三菩提とは仏の悟りのことで、わかりやすく言えば、「この菩薩に残っている苦しみは二、三滴の水滴ほどのごくごくわずかなものである。この菩薩は（今は煩悩熾盛で）この後も仏の悟りの智慧を得るには百千億劫の歳月を必要とし、その苦しみがあるが、永遠の昔から受け続けてきた生死の苦しみに比べれば二、三滴の水滴のごとくごくごくわずかで、すでに滅した苦は大海の水のようなものである。だから菩薩のこの位を歓喜地と言うのである」という意味である。

上に述べてきたことと同じ内容である。

正定聚は信を得た後も心臓が止まるまでは煩悩に苦しめられる。しかし、正定聚は百千億劫の後に仏の悟りを得る歓喜地の菩薩と同じで、本質的には大いに喜びを味わうべき身分である。

『教行信證　信巻』には信が大きな喜びであることを、

真実の一心は即ちこれ大慶喜心《だいきょうきしん》なり。大慶喜心は即ちこれ真実信心なり。（『教行信證

信巻』八〇一頁）

と述べてある。信は大慶喜心である。

考えてみると、人は、信を得て念仏するところでは地に踊り、天に舞うほどの喜びがあってもよいはずである。しかし悲しきかな、現実には悩み苦しみが多くとてもそれほどの喜びはない。煩悩が続いているからである。相変わらず一生命体であるかのごとく生きるからである。事実に反している、不実であるからである。「恥づべし、傷むべし」である。

しかしその奥に、言うなれば一次元上の確かな喜びがある。

そこのところを『歎異抄』九には、

よくよく案じみれば、天にをどり、地にをどるほどによろこぶべきことを、よろこばぬにて、いよいよ往生は一定とおもひたまふなり。よろこぶべきこころをおさへて、よろこばざるは煩悩の所為なり。しかるに、仏かねてしろしめして、煩悩具足の凡夫と仰《おお》せられたることなれば、他力の悲願は、かくのごとし。われらがためなりけりとしられて、いよいよたのもしくおぼゆるなり。（『浄土真宗聖典　註釈版』八三六頁）

とある。

星野元豊氏は、先ほどの『教行信證』の大慶喜心の文を、『歎異抄』のこの一節と照らし合わせて概略次のように解説しておられる。「歎異抄では、念仏を称えても歓喜の心のおこらないのは煩悩のせいであるとしている。しかしこのように歓喜の心を抑えつけるほどの煩悩熾盛の凡夫こそ阿弥陀仏の本願の目当てであると喜んでいる。ここに示されたひそやかな喜びこそが大慶喜心である。燃え盛る煩悩の中をも静かにしみとおって現れてくるしみじみとした安らかさである。ほのぼのとした喜びである」(『講解教行信證　信の巻』八〇七頁)。

信を得た者の喜びはこの種のものである。正定聚は信を得た後も表面的には不安や心配、怒り、憎しみなどは続く。しかしその奥で、心の奥底に、そのままが召し取られ、救われているという喜びがあり、これを大慶喜心と言うのである。

先ほどの和讃、

浄土真宗に帰すれども
真実《しんじち》の心《しん》はありがたし
虚仮不実《こけふじつ》のこの身にて

清浄《しょうじょう》の心《しん》もさらになし

に続いて、

無慚無愧《むざんむぎ》のこの身にて
まことのこころはなけれども
弥陀の回向《えこう》の御名なれば
功徳は十方にみちたまふ（『浄土真宗聖典　註釈版』六一七頁）

とあるのも、阿弥陀仏にすでに救われている大慶喜心を謳っているものである。

四、現実の私

現実の私のことを考えてみよう。私は小児科医として生きている。人は病気になっても阿弥陀仏の抱擁から決して漏れることはない。病気であろうと健康であろうと、阿弥陀仏の懐の中である。それは人が病気になることができる根拠、土台である。病魔といえども、本来は阿弥陀仏の命の営みの現れである。阿弥陀仏に身をまかす者には苦しみも不安もないはずである。しかし人は苦しみ、不安を覚える。なぜか。

人が病気に苦しむのも、死の到来をおそれるのも、一生命体として生きるゆえである。迷いゆえの煩悩である。煩悩的価値観で測るから病気が問題となる。

小児科医の私も、もちろん問題にする。自分や身内の病気は言うに及ばず、他人の病気も問題にする。問題にせずにはおれない。小児科医として人並みに病気の人を治したいという思いがある。

しかし、その思いも煩悩である。医者として病気の人を気の毒に思い、何とかその病気を治そうとするのも、実際に治療を行うのも、一生命体として生きることから始まる思いであり行動である。阿弥陀仏として生きることから始まるのではない。つまり、どんなに善意に満ちた医療行為であろうとも、それは迷いを土台にしたものでしかない。煩悩である。阿弥陀仏への反逆である。宗教的には謗法罪である。

しかし、いくら阿弥陀仏への反逆だと言われても、謗法罪だと罵られても、痛みに苦しんでいる患者さんに、「何の問題もない」「それでよい」とはとても思えない。私にとっても大問題である。小児科医として痛みを取るため、苦しみを取り去るために人並みに悩み、人並みに努力する。小児科医としてそれ以外の道はない。阿弥陀仏に反逆し、謗法罪を犯し続ける以外、道はない。

それでもそんな宗教的罪を背負った私が、阿弥陀仏に許され抱きかかえられている。小児科医としての私が何の躊躇もなく支え続けられている。私が小児科医として生き、小児科医の仕事ができるのもこの許しのゆえである。私が小児科医として生きる道が開かれている。人が病気になることができるのも、医者がそれを治療できるのも、同じ阿弥陀仏の支えゆえである。

これ以外、私が小児科医として生きる基盤はない。間違ってはいけない。医療や医学に正当性があるのではない。医学には構造上の矛盾がある。それ自体は宗教的には謗法罪である。「宗教的には」とは「正しくは」ということである。正しくは罪悪である。

いかなる職業も、いかなる善行も、いかなる社会制度も同様である。宗教的には罪悪でありながら、それでいて阿弥陀仏に許され支えられて成り立っている。

現実の私はそれだけではない。たとえば私は人の親でもなければならない。私は父親として、わが子のことを思うがゆえに、わが子に「あのようにあってほしい」「こうあってほしい」と願い、「ああではいけない」「こうではいけない」と注文をつける。「少しでもよくなりますように」と願い続ける。

阿弥陀仏は、何の問題もない、あるがままでよいとするわが子に、阿弥陀仏の命の営みの現れであるわが子に、私は私の煩悩的価値観から数限りなくあれこれと事柄を問題視し、何一つそれでよいとは言わない。人並みの親と同様に、あるいは人並み以上にわが子を愛おしく思い、計らうがゆえに「それでよい」とは言わない。

しかし心の底からわが子を大切にし、一生懸命育てるのも煩悩であり、宗教的には阿弥陀仏への反逆である。一生命体として生きる親と、一生命体として生きる子どもの関係である。全体的一、つまり阿弥陀仏として生きることを土台にはしていない。すべての生物学的生命体は、それぞれ個々の生命体ではなく、全体として一つの大きな生命体、つまり阿弥陀仏であるという事実に反している。虚仮である。不実である。阿弥陀仏に反逆している。謗法罪を犯し続けている。

しかしたとえそうだとわかっていても、私は親として、「わが子が病気になろうと、社会的罪を犯そうと、そんなことは問題ではない」などとは到底思えない。阿弥陀仏はすべてを無条件で受け入れてくださる。わが子も絶対的にそのままで受け入れられている。わが子に何が起ころうとも、阿弥陀仏はすでに受け入れ済みである。決して排除されることはない。そして絶対的受け入れこそ慈悲である。しかし、私は阿弥陀仏と同じ対応はできない。阿弥陀仏に抗して、どこまでも煩悩的にしか対応できない。親として子に対応するのは、自分の依って立つところに背いている。阿弥陀仏に反逆している。

それでも、そんな私が決して排除されることはない。阿弥陀仏に許され、阿弥陀仏に一体化されている。「摂取して捨てたまわず」である。ここに私が人の親として在ることができる基盤がある。これ以外、私が人の親である道はあり得ない。

あるいは、私がたとえば戦争を嫌い、平和を願うのも、世の太平を求め、凶悪事件に反発するのも、人々の経済的安定を求めるのも、常識的な倫理や道徳を尊ぶのもすべて煩悩である。阿弥陀仏は「問題ではない」としてすでに受け入れ済みのことを私が受け入れないためで、その本質は謗法罪である。人が生きるということは、謗法罪を犯し続けるということである。

他人に迷惑をかけ、他人を傷つけ、他の動植物を殺し、傷つけ、人を恨み、不運を嘆く。それをたまには反省もするし後悔もする。良心に照らし、「申し訳ない」と心で謝りもするし、口でも謝る。現実には罪や罪意識から解放されることはない。しかしこれとて煩悩である。迷いである。社会的罪も道徳的罪も、またそれを罪と思う罪意識も、宗教的には謗法罪である。

それでもそんな人間が、阿弥陀仏に足元からすっかりそのまま抱き込まれている。私が私であることができるのは、阿弥陀仏あっての話である。

これまで何度も述べてきたように、私が苦しみ、悲しみ、悩み、不安に思うなどの煩悩は、私が一生命体として生きるゆえである。一生命体としてではなく、わが身を阿弥陀仏の為すがままにまかせるべく南無阿弥陀仏として生きるところには、煩悩は成り立たない。煩悩は謗法罪の証拠である。それでも私は煩悩まみれでしか生きようがない。それが許されている。煩悩熾盛の今のこの私が、阿弥陀仏に支えられている。大罪を犯しているがゆえに、その許しは一層ありがたい。親鸞の『高僧和讃』に、

罪障功徳《ざいしょうくどく》の体《たい》となる
こほりとみづのごとくにて
こほりおほきにみづおほし
さはりおほきに徳おほし。（『浄土真宗聖典　註釈版』六八五頁）

とある。大罪ゆえに、その意識ゆえに、ありがたさ、嬉しさはなお一層である。大慶喜心である。

また『唯信鈔文意』に、

行者のはじめてともかくもはからはざるに、過去・今生《こんじょう》・未来の一切のつみを善に転

　じかへすといふなり。転ずといふは、つみをけしうしなはずして、善になすなり、よろづのみづ大海にいればすなはちうしほとなるがごとし。（『浄土の哲学』一一七六頁）

と言われているとおりである。「けしうしなはずして」というのは、現実には社会的・道徳的罪を犯し続け、さらに謗法罪を犯し続け、過去の罪を背負ったままだということである。それでもその身が、そのまま阿弥陀仏に一体化されているということである。これを「善になす」と言うのである。私の大罪が善になっている。

　現実に私が苦しんだり悲しむのは、私が一生命体として生きるからである。阿弥陀仏がすでに受け入れ済みのことを私が受け入れないからである。つまり謗法罪を犯しているからである。不実だからである。でもそれが許されている。謗法罪も、不実であることも、何ら問題にならないとして支えられている。

　言葉を換えて言うと、私には悩む自由が与えられている、私には悲しむ自由が与えられているということである。さらに私には怒る自由、不安に思う自由、おできができる自由、咳が出る自由が与えられている。私が私である自由、私が私として生きる自由が与えられている。

　私が生きていくことができるのは、どうあってもよいという、たった一つの道しかない。

阿弥陀仏はそのたった一つの道を私に保証してくださる。このたった一つの道こそ、「どうあってもよい」という無限に自由で、無限に広い大道である。二河白道の喩え（一四八頁参照）に出てくる白道とは、このたった一つの大道のことである。幅四、五寸に見えたのは、自分で進むべき道を選ぼうとする計らいゆえである。煩悩ゆえに狭小に見えるのである。本来はどうあってもよいという無限に広い大道である。どっちに転んでも安全な大道である。

私が私として生きていくことができるのは、いや死んでいくことができるのも、阿弥陀仏の支えあっての話である。白道あっての話である。嬉しいではないか、ありがたいではないか。

どうあってもよいとは、変わる必要はない、あるがままでよいということである。ただ、現実の私は私自身についても、私の周りのことについても、何一つあるがままでよいとは思えない。「ああではいけない」「こうではいけない」「こうあってほしい」「ああああってほしい」と無限に注文をつける。「あるがままでよいとは思えない」のが、今の私のあるがままの姿である。そんな私がそのままでよいと許されている。絶対的な救いである。

逆に、阿弥陀仏が救うとか、衆生が救われるとか言っても何も変わるわけではない。そのままで救いは完成している。度《ど》して度すところなし、「度《ど》無《む》所度《しょど》」である。

そのことを『教行信証　証巻』（一三五一頁）に説いてある。阿弥陀仏が衆生を救済することは遊戯《ゆげ》するがごとくであるという。遊戯には二つの意味があり、一つには自由自在の意味で、阿弥陀仏は衆生を自由自在に救済されるということである。二つ目については、

二つには度無所度の義なり。菩薩、衆生を観ずるに、畢竟《ひっきょう》じて有らゆるところ無し。無量の衆生を度すといへども、実に一衆生として滅度をうるものなし。衆生を度すと示すこと遊戯するがごとし。

とある。衆生は本来、空《くう》である。衆生という実態はもともとないのである。だから無量の衆生を度すといえども滅度を証する者はいないのである。最初から一如に溶け込んで一味である。何ら為すことなくして救いは完成している。だから遊戯するがごとくである、という意味である。

もちろんそんなことがわからなくても、つまり信を得なくてもそれでよいのである。信を得ていない衆生もすでに救われている。それ以外、信を得ない衆生が信を得ずにいることのできる道はない。世に信を得ずにいる衆生が無尽蔵にいるのはそのためである。ただそのことは信を得て初めて生きてくる。信を得てみると、そこで初めて信を得なくてもよ

いことがわかる。「救われてみたら、救われることも要らなかった」という言葉を聞いたことがある。それは救われて初めて言えることである。「わかってみたら、わからなくても大丈夫だった」である。でも、それはわかってみて初めて言えることである。

人が信を得ようと得まいと、それによってその人が見捨てられることは絶対にない。しっかりと支え続けられている。でもその支えは信を得ることによってのみ確認でき、そしてそのことを喜び、安らぐことができる。

それでも、そんなことはどうでもよいと主張する人もあるかも知れない。それはたとえば、「酸素があってもなくてもどうでもよい」と言うようなもので、酸素をたっぷり吸っていなければ言えないことである。人がどうあろうと、阿弥陀仏の支えの上での話である。よし、私の言うこと、思うこと、考えることがすべて間違っているとしよう。実際そうかも知れない。それでも一向に構わない。阿弥陀仏はそんな私を絶対に離さない。私はしっかりと抱かれ続けている。そのことが明瞭にわかる。「されど地球は回る」の心境である。何と安心なことか。何とありがたいことか。何と嬉しいことか。

五、無明と光

信を得た現生正定聚の状態は、別の角度から、無明の闇の中にかすかに、かすかに信の光が差し込んでいる状態だと喩えられている。信を得ても生命活動のほとんどは、言うならば私の体のほとんどの細胞はまだ迷ったままであって、全面的な明るさではない。否、現実的にはほぼ闇である。しかし信を得るとは、ほんの一部ではあるものの、ごくわずかの脳細胞が目覚めることである。真っ暗な闇にかすかに、かすかに光が入ってきて、うっすらと明るくなっている。だからそこは確かに、もう闇ではなくなっている。

その状態を親鸞の『正信偈』では、

> 摂取の心光常に照護《しょうご》したまふ。すでによく無明の闇《あん》を破《は》すといへども、貪愛瞋憎《とんないしんぞう》の雲《うん》霧《む》常に真実信心の天に覆《おお》へり。譬えば日光の雲霧に覆はれるとも、雲霧の下明らかにして闇《やみ》無きが如し。（『教行信證　行巻』四一八頁）

と述べてある。信の光は差し込んでもはや真っ暗ではないものの、貪愛瞋憎の、つまり煩悩の厚い雲におおわれている。理屈の上からも、煩悩にまみれた現実の事実からも、確かにそのとおりだと思う。これからもわかるように、信を得ても現実は厚い雲の下の薄明かりである。それでも闇ではない。

『教行信証　信巻』には信の一念ということについて、さまざまな点から分析している。その第一が、

それ真実の信楽《しんぎょう》を按ずるに、信楽に一念あり。一念とはこれ信楽開発《かいほつ》の時剋《じこく》の極促《ごくそく》を顕《あらわ》し、広大難思《こうだいなんじ》の慶心《きょうしん》を彰《あらわ》すなり。（『教行信証　信巻』七七四頁）

と述べられている。「信楽開発の時剋の極促」とは、信を得るその端的、ハッとわかるその一瞬の時間的に極めて短いことを言う。膝を叩いて「あっ、そうか」とパーッと明るくなる様子である。

英語では悟りのことをenlightenmentと言う。lightをつける、明かりをつけるという意味であろう。たとえばなかなか解答が得られない数学の難問の答えをハッと思いついたとき、パーッと明るくなる感じがする。これと同じようにenlightenmentとは、頭の中にパーッと光が入ってきた感覚を表したものと思う。智慧を光、光明とするのもこの感覚に

通じるのだと思う。信を得るときも同じである。信を得て煩悩の闇に光が差し込む状態が enlightenment と似ているのだと思う。

今まで無明の闇の中にあった自分が初めて現実に信を得たときは、理屈の上では闇にかすかな光が入ってくるようなものだが、実際にはガッツポーズで「あ、わかった！　わかった！」という、目を見張るほどパーッと明るくなる感じである。眩しいほどの明るさである。実に enlightenment である。でも信は差別智である。差別智ではまぎれもなくまばゆいほどの明るさである。しかし無差別智の認識に比べれば確かにかすかな明るさに過ぎない。差別智では眩しいほどの明るさといえども、それは厚い雲の下の薄明かりの世界である。無明がわずかに晴れた薄明かりの世界である。

薄明かりとは言え、この明るさゆえに信を得ると同時に、否ここまできてやっと、今まで闇とも認識していなかった世界がまぎれもなく暗黒の世界、無明の世界であったこともよくわかる。

現実に信を得た薄明かりとは違って、仏の世界はその煩悩の厚い雲が全部晴れた明るさの無差別智の国である。厚い雲の上側の世界である。無限の光の世界のはずである。それで浄土のことを、無限の明るさの無量光明土だと言うのも納得できる。信を得た上で、この肉体が亡くなったとき、煩悩の厚い雲がなくなる。そこがまぎれもなく無量光明土である。

信の一念にはもう一つの面がある。信を得たときは、難問が解けたときのように大きな喜びがある。ある数学者の本の中にも、「複雑な難問の解答のいくつかの候補を思いついたとき、そのたびに喜びを伴うが、その喜びの大きさで正解かどうか見当がつく」という趣旨のことが書いてあったと記憶している。真実の発見には大きな喜びが伴う。信を得たときの喜びは広々として何とも言えない大きな喜びである。そわそわして静かに座っていることができないほどである。それを「広大難思の慶心」と言うのだと思っている。

六、一声の念仏で救われる

「人は一声の念仏で救われる」という親鸞の教えは有名である。念仏とは南無阿弥陀仏と口で称えることだが、「南無阿弥陀仏」と一回称えれば、そのご褒美としてやがて救われるというのでないのはもちろんである。

そもそも南無阿弥陀仏とは、阿弥陀仏に全面依存で、阿弥陀仏の為すがままだという意味である。否、阿弥陀仏に抱き込まれ一体化されているという意味である。これまで述べてきたように、信を得たところでは私は南無阿弥陀仏になっている。その逆だと言うべきかも知れない。もともと南無阿弥陀仏の状態であった私が露わになることを、信を得ると言うのである。

『教行信證　信巻』に引用されている涅槃経の中（一〇〇七頁）で、阿闍世は釈迦の説法を聞いて信を得て、

われ今、未だ死せざるにすでに天身《てんしん》を得たり、短命《たんみょう》を捨てて長命《じょうみょう》を得、無常の身を捨てて常身を得たり。

と叫んでいる。「まだ肉体的に死んでいないのに、すでに清浄な身体を得た。短い人間の命を捨てて無限の命を得た。数十年で滅びる身を捨てて、永遠に生きる身を得た」という意味である。もちろん、阿闍世の肉体が不死身になったのではない。葉っぱとして生きるフレディが、楓の木として生きるようになるように、阿闍世として主我的に生きていたのが、主阿弥陀仏的に生きることに変わったということである。否、もともとそうであったと思い知らされたのである。阿闍世が阿弥陀仏に一体化されて、南無阿弥陀仏の状態にあることを述べたものである。

阿闍世だけではない。念仏の衆生も同じである。人が信を得て「南無阿弥陀仏」とひと

くち、口で称えるその裏側では、自分はすでに阿弥陀仏に一体であることが明らかになっている。信の一念の内実である。葉っぱが木であるように、人が阿弥陀仏になっている。八十年そこそこの生物学的命を生きていたはずの人間が、実のところは無量寿を生きていることを発見し、それが明白な事実となっている。実に「われ今、未だ死せざるにすでに天身を得たり、短命を捨てて長命を得、無常の身を捨てて常身を得たり」である。「南無阿弥陀仏」と口で称える一声の念仏で救われると言われる所以である。

『安心決定鈔　末』に、

> 念仏三昧といふは、機の念を本とするにあらず、仏の大悲の衆生を摂取したまへることを念ずるなり。仏の功徳もとより衆生のところに機法一体に成ぜるゆゑに、帰命の心のおこるといふもはじめて帰するにあらず。機法一体に成ぜし功徳が、衆生の意《い》業《ごう》に浮び出づるなり。南無阿弥陀仏と称するも、称して仏体に近づくにあらず、機法一体の正覚の功徳、衆生の口業《くごう》にあらはるるなり。信ずれば仏体にかへり、称すれば仏体にかへるなり。（『浄土真宗聖典　註釈版』一四〇五頁）

とあるとおりである。意業とは心の働き、思いである。口業とは言葉のことである。機法一体とは、救われる衆生（機）と阿弥陀仏（法）が一体であるということである。
あるいは『末燈鈔』三に述べられている、

光明寺の和尚の般舟讃には、信心のひとは、この心すでにつねに浄土に居《こ》すと釈したまへり。居すといふは、浄土に、信心のひとのこころ、つねにゐたりといふこころなり。（『現代語訳　親鸞全集　第二集　書簡』二八六頁）

というのもよく納得のいくところである。信に基づく一声の口称《くしょう》念仏の「南無阿弥陀仏」のところでは、すでに救われている身が明らかになっている。

確かに、そこでは涅槃はまだ全面的に顕現していない。生物学的に死んで煩悩がなくなるまでは、絶対空の涅槃ではない。しかし、上に述べたように内実はすでに涅槃である。そこを浄土と言うのだと理解している。現生正定聚の内実は往生浄土を遂げている。

七、往生浄土とは現生正定聚

それで信を得て浄土に往生するとは、現生正定聚になることだと言うのである。

『教行信證　信巻』（四八九頁）に、

諸有《あらゆる》衆生、その名号を聞きて信心歓喜せんこと乃至《ないし》一念せん、至心に廻向せしめたまへり、かの国に生れんと願ぜば即ち往生を得、不退転に住せん、ただ五逆と誹謗正法とおば除く。

と記されている。ここで不退転と言うのが正定聚のことである。星野元豊氏の訳は、「十方世界のあらゆる衆生がこの本願の名号のいわれを聞いて、信心をおこして喜びあふれるだろう。ともかく一念の信心をおこすならば、それは自分がおこしたのではなくて、如来がそのまごころからそのようなめぐみ（功徳）を廻向して下さったのである。この衆生がかの如来の浄土へ生まれたいと願うならば、直ちに往生することができるのである。すなわち二度とあともどりすることのない正定聚不退転の位に住することができるのである。ただ五逆罪を犯したものと正法を誹謗するものは除かれる」（『講解教行信證　信の巻』四九〇頁）である。

訳を読んでも難しいところがたくさんあるが、とにかく「信を得て即座に往生する即得往生とは、正定聚になる」ということである。親鸞の『一念多念文意』にそのことの解説がある。

即得往生といふは、即は、すなはちといふ、ときをへず日をもへだてぬなり。また、即はつくといふ、その位に定まりつくといふことばなり。得は、うべきことをえたりといふ。真実信心をうれば、すなはち無碍光仏の御こころのうちに摂取して、捨てたまはざるなり。摂はおさめたまふ、取はむかへとると申すなり。をさめとりたまふとき、すなはち、とき日をもへだてず、正定聚の位につき定まるを、往生を得とはのたまへるなり。（『浄土真宗聖典　註釈版』六七八頁）

往生浄土とは正定聚の位に定まることだと言う。

普通、常識的に言えば、往生浄土を遂げるとは身も心も清らかになって、あらゆる煩悩から離れて、成仏することのように考えられる。しかし、これまでの議論でわかるように、信を得たところでは煩悩は何の障害にもならない。この生身の体で、煩悩まみれのままで阿弥陀仏に召し取られていることが明らかになっている。それを往生していると言う。「不《ふ》断《だん》煩《ぼん》悩《のう》得《とく》涅《ね》槃《はん》」である。それで『正信偈』（『教行信証　行巻』四一四頁）には、よく一念喜愛の心を発すれば、煩悩を断ぜずして涅槃を得るなり。

とある。喜愛とは歓喜愛楽《ぎょう》で、一念喜愛心を発するとは信心を起こす瞬間のことで、信心の瞬間、煩悩のまま涅槃を得るということである。そしてそれに続いて、

凡聖逆謗《ぼんしょうぎゃくほう》ひとしく回入すれば、衆水海に入りて一味のごとし。

（『教行信證　行巻』四一四頁）

とある。あたかもさまざまな河川の水が大海に流入して一味になるように、凡夫も聖者も五逆罪や謗法罪の者もすべて、信を得ると阿弥陀仏と一味になるということである。

往生しているとは仏と一体である。その点から言えば仏である。阿弥陀仏である。しかし実際はまだ煩悩の身である。正定聚は煩悩の生身である。そこが仏と全く同じとは言えないところである。それで現生正定聚は菩薩五十二段階の最高で仏でもある妙覚《みょうかく》ではなく、その一段下の五十一段目の階の等覚《とうがく》だと言うのである。「同じ」と「等しい」を使い分けて、等覚とは仏に同じではないが等しいという意味である。その位は弥勒菩薩の位である。正定聚は弥勒と同じだという。

『教行信證　信巻』（八八九頁）に、

一念往生、便ち弥勒に同じ。

と述べてある。弥勒菩薩は今は仏ではないが、五億六千万年後に成仏してこの世に現れると言われている。正定聚も生物学的に死んでこの身がなくなるまでは成仏でなく、その身は仏と同じではなく、仏に等しい身だと言う。そうなることを往生浄土と言う。

星野元豊氏は、信を得て即得往生の正定聚になったところを第一次往生、そしてその後、肉体の消滅とともに煩悩がなくなるところを第二次往生と言われている（『浄土の哲学』一九六頁）。しかし、第一次往生のところで本質的問題はすべて解決していて、第二次往生は問題にならないのである。少なくとも親鸞はそのことを問題にしていない。第一次往生で充分だからである。

八、還相廻向

信を得て現生正定聚になるところではさらに嬉しいことがある。正定聚は還相廻向《げんそうえこう》の働きを担っているからである。

衆生が往生浄土を遂げるのを往相と言い、往生を遂げた者が娑婆の衆生に働きかけて浄土に往生させるのを還相と言う。いずれも阿弥陀仏の働きが衆生に現れる現象で、それぞれ往相廻向、還相廻向と言う。

正定聚はすでに阿弥陀仏に一体化されているということは、正定聚の喋ること、考えること、思うこと、そして為すことはすべて阿弥陀仏の営みに組み込まれているということである。フレディのすべては楓の木の営みである。フレディは楓の木そのものである。それと同じように正定聚のすべてが阿弥陀仏そのものである。正定聚はそのことをしかと確かめることができる。

『教行信證　真仏土巻』（一五四四～八四頁）には曇鸞《どんらん》の『讃阿弥陀仏偈《さんあみだぶつげ》』を引用しながら、阿弥陀仏の本質や働きを光明として、十二の名前をつけて詳しく述べられている。無量光、無辺光、無碍光、無対光、光炎王、清浄光、歓喜光、智慧光、不断光、難思議光、無称光、超日月光とくどくどしく思えるほど述べられている。これを自分とはかけ離れた、遥か西方十万億土彼方の阿弥陀仏として見てはならない。無味乾燥になってしまう。そうではなくてこれは私と切っても切れない関係の阿弥陀仏、私を私たらしめている阿弥陀仏である。今、ここで私が溶け込んでいる阿弥陀仏についてである。私と一体の阿弥陀仏である。いわば私のことである。だとすると無味乾燥どころか、潤いに満ち、心躍る思いがするではないか。

私は十二光と一体である。私は阿弥陀仏の営みの現れである。つまり、すべての衆生を懐に摂取した上で、それぞれの衆生に信を得させる阿弥陀仏の営みである。煩悩にまみれた虚仮不実の私の一挙一動が、何一つ無駄のない衆生救済の営みになっている。

信を得た阿闍世にも同様なことが起こっていることが『教行信證　信巻』（一〇〇七頁）に見られる。先ほど引用した「われ今、未だ死せざるにすでに天身を得たり、短命を捨てて長命を得、無常の身を捨てて常身を得たり」に続いて、阿闍世は、

諸々の衆生をして阿耨多羅三藐三菩提心《あのくたらさんみゃくさんぼだいしん》を発せしむ。

と述べている。阿耨多羅三藐三菩提心とは仏の悟りに向かう心で、無上菩提心と訳される。父親殺しの身でありながら、信を得て正定聚の位につくことによって、衆生に無上菩提心を起こさせることができる身になったと言っている。いま改めてそういう働きの身に変わったのではない。阿弥陀仏と一体であることがわかって、もともとそういう働きの身であったことが明らかになったということである。

われわれ凡夫も信を得れば同様である。正定聚は「自信教人信《じしんきょうにんしん》」（『教行信證　信巻』八七〇頁）、つまり、

自ら信じ、人を教へて信ぜしむ。

である。ありがたいではないか。嬉しいではないか。

前に聖道の慈悲について引用した『歎異抄』四（一〇二頁参照）には、浄土の慈悲について、

慈悲に聖道、浄土のかはりめあり。……浄土の慈悲といふは、念仏して、いそぎ仏に成りて、大慈大悲心をもつて、おもふがごとく衆生を利益《りやく》するをいふべきなり。（『浄土真宗聖典　註釈版』八三四頁）

と述べてある。「念仏して、いそぎ仏に成りて」というのは、信を得て阿弥陀仏と同体の正定聚になることである。何一つうだつの上がらぬこの私が、それでいて大慈大悲の実践である。何という幸せなことか。この世に生きていてこれ以上の幸せがあるものか。

『正像末和讃』には、

如来の回向に帰入して
願作仏心《がんさぶっしん》をうるひとは
自力の回向をすてはてて
利益有情《りやくうじょう》はきはもなし（『浄土真宗聖典　註釈版』六〇四頁）

と謳われている。「他力廻向の信を得て願作仏心を起こすならば、自力の行はすべて捨てて、如来から廻向された行が自然に行ぜられる。だからほかの衆生に対しては限りない利益、つまり衆生済度の働きになる」と言うのである。何も急に神聖な言動になるというのではない。これまでどおりの煩悩まみれの虚仮不実の言動が、そのままで、あるがままで衆生救済の働きになっていると言う。

同じことは『教行信證　信巻』の、信心の功徳を説いた箇所（六八二頁）にも述べられている。

信を得て……よく法の不滅なることを知らむ。もしよく法の永く不滅なるを知れば、弁才を得、無障碍《むしょうげ》を得む。

「もし如来の証りの法が不滅であることを知れば、その教法を述べる弁舌も無碍で、教法を説くのに自由自在の弁舌をふるうことができるであろう。自ら信じ、人を教えて信じせしめるという働きが自然に備わる」という意味である。小賢しく法を説くというのではない、日常の一切の言動が法を説いていることになっているという意味である。

また『教行信證　行巻』（二五二頁）には、

しかれば大悲《だいひ》の願船に乗じて光明の広海に浮かびぬれば、至徳の風静かに衆禍の波転ず。即ち無明の闇を破し速やかに無量光明土に到りて大般涅槃を証す。普賢之徳《ふげんのとく》に遵《したが》ふ也。知るべしと。

と述べてある。星野元豊氏の解釈は、「大悲の本願からでき上がった名号の船に乗じて光明のあふるる慈悲の広い海に浮かびでれば、この上もない功徳の清風が静かにそよいでいろいろな多くの禍の波も消えてしまう。即ち名号は久しい無明の闇を破し、ここに速やかに無量の光明の浄土に到って大般涅槃のさとりを開くのである。そして再びこの穢土に還って、普賢菩薩のように有縁の人々を済度するという還相《げんそう》のはたらきをするのである。このことをよく知るべきである」（『講解教行信證　教行の巻』三五二頁）である。

南無阿弥陀仏とは光明土に至っているということと同時に、また還相を働いているということである。還相にはこの身が必要なのである。現実にこの世に生きる衆生を救うには、この現実に生きる煩悩熾盛の身が不可欠である。

それで二十二願（『教行信證　証巻』一一九四頁）が設けられている。親鸞は二十二願を、還相廻向を誓った願とみたと言われている。二十二願は理解するのがとても難しいが、思い切ってその内容を簡略に述べると次のようになる。

「もし自分（法蔵菩薩）が仏になれば、諸々の衆生が信を得てわが浄土に生まれてくるとき、最後には必ず菩薩の最高の（弥勒菩薩と同じ）位である一生補処《いっしょうふしょ》の位に至らしめるであろう。そして一生補処の者は必ず涅槃に至るのであるが、涅槃に至った後、その人が数限りない人々を救って浄土に往生させたいとの願いから、還相の働きをしたい者は現実世界とは隔絶した涅槃の仏果に留まらしめないで、一段低い一生補処に至らしめよう」である。

仏果を成ずれば涅槃である。ところが娑婆の衆生は涅槃とは直ちに関わることはできない。無差別智の世界である涅槃と差別智の娑婆の衆生との間には断絶がある。涅槃の仏の働きはそのままでは現実の凡夫には届かない。差別智的に働いて初めて現実世界の凡夫に届く。涅槃より一段低い位でなければならない。

その位が一生補処である。弥勒菩薩の位である。一生補処の菩薩として現れる阿弥陀仏の働きが還相廻向である。阿弥陀仏の働きは、仏ではなく人間である菩薩の位にまで降りてこなければならない。菩薩であってこそ娑婆の衆生と交わることができるのである。煩悩具足の、この身体と心が必要なのである。

浄土に往生した者の統合主体は阿弥陀仏にある。フレディが「楓の木の葉っぱ」であるように、この生身の身体が阿弥陀仏の手足となっている。これが還相の現実の姿である。

まことにその本《もと》を求むれば、阿弥陀如来を増上縁《ぞうじょうえん》とするなり。（『教行信證　行巻』三六二頁）

「ひそかにその根本まで辿って考えてみると、還相の働きができるのは、阿弥陀如来がすぐれて強い因縁になっていることがわかる。阿弥陀仏の他力によることがわかる」という意味である。

さらに、『教行信證　証巻』（一一八四頁）には、阿弥陀仏を見たてまつる時、畢竟じて上地《じょうじ》の諸菩薩と身等し、法等し。

とある。阿弥陀仏を見るとは、自分が阿弥陀仏と一体であることを了解することである。煩悩熾盛の生身の凡夫が信を得て阿弥陀仏を見るとき、上地（第四十八～第五十段階目）の諸菩薩と等しくなると言うのである。上地の諸菩薩とは人間としては最高であるものの、仏ではなく、現実に生きる人間である。信を得るとは、阿弥陀仏を見、煩悩具足の自分も阿弥陀仏の光明と一味であることを認め、現実には虚仮不実の自分がそのままで阿弥陀仏と同じ働きの身であることを認めることである。このことが、信を得た凡夫が畢竟仏でなく衆生救済の働きに生きる上地の菩薩と等しいと言われる所以である。現生正定聚の身が生身の生きた身であり、衆生済度の働きになっている。

八章　信は他力

これまで述べてきたように、衆生はすでに救われている。救われるためにこちらが為すべきことは何一つ残っていない。それだけではない。すでに阿弥陀仏と一体になって衆生救済の働きをしている。すべての問題はすでに解決済みである。そのことを知らず迷っているだけである。迷いから目覚めることが信である。信を得れば、為すべきことは何も残っていない。

しかし、衆生が自分の力で信を得るには越えることのできない壁がある。衆生が信を得る過程の裏側には他者の働きがなければならない。否、むしろ他者の働きが、衆生の信として花を咲かすのである。信は阿弥陀仏の為すことである。法蔵菩薩の永劫の修行とはこのことで、それはすべての衆生が信を得て、主体的往生を完了するまで続く。

一、信は自己否定

信を得るとは自分が他に全面的に依存し、自主独立ではないことに目覚めることだと言った。自分を自主独立ではないとするのは、自分は自分で生きているのではないということで、統合主体が本当の統合主体の体をなしていないということである。統合主体が否定されている。それは自己を根こそぎ否定することである。

前にも述べたが、人が、いや生物学的生命体が生きるとは「わが身可愛さに徹する」ことである。食べる、呼吸する、心臓が拍動するなどはもちろん、学習する、休む、考えるなどすべての生命活動はあくまでも自己肯定ということである。末那識が中心の自己は、自己肯定以外あり得ない。

体のどこかに細菌が侵入すると、細菌と闘うために多くの白血球を犠牲にする。白血球は否定されている。しかしこれもわが身を守るために統合主体が為すことである。自己肯定的作用である。腕に悪性のがんができると、腕を切り落としてもらってでもわが身を守ろうとする。腕を否定してでも否定している自己は肯定である。生命活動はすべてどこまでも自己肯定である。二章四節で述べたように、自己の主体は統合主体で、自己を突きつめると、つまるところ自己とは統合主体となる。それで、信以外の自己否定の場合、統合主体はいつも否定する側にいて、否定される側から逃れている。だから、たとえどんなに自己否定しても、統合主体は否定されないまま残っている。

人が良心や正義感を基に自分の行動や発想などを反省したり、悔いたりするのも同様である。これは表面上は自己否定であるが、真の自己否定ではない。自己否定している自己が否定されないまま残っている。肝心の主人公が無傷のまま残っている。

たとえば他人を傷つけて悪いことをしたと反省するときには、反省そのものは正しいとしている。傷つけた自分は悪いと否定されているが、反省している自分は正しいとした上での反省である。反省している自己は肯定されたままである。悪い点、だめな面を切り捨てて、それを良いもので補うなどして、全体としてはこれからますます良くなろうとする自己肯定の上に成り立っている。統合主体がわが身を守るための、自己肯定のための反省、後悔である。統合の主体である末那識や阿頼耶識、すなわち自己そのもの（一七頁参照）は全く否定されることなく温存されている。

そもそも人間的良心も正義感も、自己や相手をそれぞれ一生命体とする、迷いの産物である。

前にも引用したが、

良し悪しの文字をも知らぬひとはみな
まことのこころなりけるを
善悪の字知りがほは
おほそらごとのかたちなり（『正像末和讃』自然法爾章、『浄土真宗聖典　註釈版』六二二頁）

である。善悪、優劣の判断は無明に基づく欲望によるものである（九八頁～参照）。

同じように、良心や正義感は利己的煩悩の価値観を基盤とする。良心の呵責などと言うが、良心の呵責の奥底には良心は正しいとする迷いが横たわっている。宗教的には人の良心は、善でもなければ、正義でもない。それなのに、自分の良心という基本部分が全く否定されず無傷のまま、善としてのうのうと居座り続けている。

自殺さえも完全な自己否定ではない。統合主体は統合主体を否定することはできない。自殺は自己の全否定のようにも見えるが、この場合も自殺しようとする自己、統合主体は温存されている。普通に生きることが困難を極めるときなど、自殺して統合主体を温存している。阿頼耶識を統合の中心とするところからは自己肯定のみで、完全な自己否定は出て来ようがない。

ところが、信を得るとは自分が阿弥陀仏に全面的に依存し、自主独立ではないことに目覚めることである。自分は自分で生きているのではないということである。これまで統合の主体としていたものが、その座から転落するのである。自己の出発点の統合主体が否定されている。自己を根こそぎ否定することである。自己否定する自己さえも含めての否定である。自己の何もかもが否定されている。それは自己の死である。生物学的には生きながら、宗教的に死ぬ大死一番の大死である。自己の全否定である。だから信は自力では為し得ないことである。

二、他者からの働きかけ

信は目覚めるとか悟る、わかることだと言った。信は最初に述べた（二一頁参照）八識の第六識の意識に起こる現象である。通常、六識の意識は第七識の末那識を拠り所として、末那識に従順である。末那識に逆らって、末那識と矛盾する活動はしない。末那識から始まる第六識の働きは、常に自己肯定である。

すなわち、自己否定である信は、末那識つまり統合主体を拠り所とした作用ではないということである。信は自分の力で得ることはできない。信は自己の外からの働きがなければ成り立たない。つまり他力が働かなければ信は成り立たない。他力が私の第六識に働きかけて、信を得させる。否、他力が第六識に現れたのが信である。

前出の本社・支社、社長・支社長の喩えで言えば、信を得るとは、平素は支社長（末那識）に従順な部下（第六識）が、本社（阿弥陀仏）の直接の指示に従って調査をしていたら、支社長の思い込みの支社の経営方針が本社の経営方針と正反対であることを発見する。支社長の面目が丸つぶれになる。そのようなものである。

『教行信證　信巻』（四八一頁）には、その他力のことを如来の加威力《かいりき》、大悲広慧《こうえ》の力だとして、信は「如来の加威力、大悲広慧の力による」とされている。迷の世界に没している愚かな凡夫や輪廻転生を繰り返している多くの衆生が、すぐれた仏果の証りを開くことは難しいことではない。信を得ればそれでできるのだが、その信を得るのが困難であると述べて、その理由として、

何をもつての故に。いまし如来の加威力に由るが故なり、博く大悲広慧の力に因るが故なり。（同）

とある。つまり、信を得るのは如来が力を加えてくださるからであり、阿弥陀仏の広大な智慧の働きによるからであるのに、自分の力で、自力で信を得ようとするから困難だとい

う意味である。

その如来の加威力、大悲広慧の力こそ「南無阿弥陀仏」という名号である。法蔵菩薩が重誓偈の第三の誓いにおいて、

われ仏道を成らんに至りて、名声十方に超えむ。究竟して聞こゆるところなくば、誓ふ、正覚を成らじ。（『教行信證　行巻』九四頁）

と誓い、さらに続いて、

衆《しゅ》のために宝蔵を開きて、広く功徳の宝《ほう》を施《せ》せむ。常に大衆《だいしゅう》の中にして説法師子吼《ししく》せむこと。（同）

と述べている。これらの文中の名声も、宝蔵も、功徳の宝も「南無阿弥陀仏」の名号のことである。「十方に超えむ」「究竟して聞こゆるところなくば」「宝を施せむ」「説法師子吼せむ」は、すべての衆生に働きかけるということである。この名号の働きが私に現れたところが私の南無阿弥陀仏で、私の信である。

間違えてはいけない。阿弥陀仏が私に働きかけて、それに私が応えて私が信を得るのではない。阿弥陀仏から私に何か伝授されるのでもない。フレディは、楓の木の働きかけに応えて紅葉するのではなく、楓の木の働きがフレディに現れたのがフレディの紅葉である。それと同じように、阿弥陀仏の働きが私の称名、私の念仏、私の信、私の南無阿弥陀仏である。阿弥陀仏の働きと私の南無阿弥陀仏は、一つのものの二つの面である。

阿弥陀仏の働きが私に現れることを「廻（回）向」と言う。『教行信證　行巻』（二四三頁）に有名な六字釈というのがある。南無阿弥陀仏の六字の意義、内容を解釈したものである。

南無と言ふは即ちこれ帰命なり。またこれ発願回向の義なり。阿弥陀仏と言ふは即ちこれその行なり。この義をもつての故に必ず往生を得と。

星野元豊氏の指南（『講解教行信證　教行の巻』二四三頁）によると、「南無というのは帰命ということで、私が仏の仰せに従うことであり、この私の帰命はほかならぬ阿弥陀仏の私を救いたいという願いの働きが私にあらわれた回向である。そして阿弥陀仏というのは私を救ってくださる摂取の働きの行そのものである」という意味である。阿弥陀仏がおられて、その方が私を救ってくださるのではない、救いという働きが阿弥陀仏だと言うのである。「阿弥陀仏がましますとは、私を救う働きが存在するということである。「だから必ず往生することができる」と言うのである。

三、信は阿弥陀仏の為すこと

衆生と阿弥陀仏の関係はフレディと楓の木の関係のようなものだとすでに何回も述べた。そして春にフレディの芽が出るのも、夏に青々とした人の手に似た形になるのも、秋に紅葉するのも、そして冬に落葉するのも、すべて楓の木が為すことで、フレディが勝手にそうしているのではないとも述べた。

私が言いたいのは、フレディの場合と同じように、人が思い、行動し、喋るなどすべて、いや、人の存在そのものが阿弥陀仏の為すことだということである。そのことを南無阿弥陀仏と言うのである。阿弥陀仏に帰命するとは、阿弥陀仏の為すがままに任すということである。しかし、こちらが任すより遥かに前から、衆生はすでに阿弥陀仏の為すがままになっている。衆生はもとより南無阿弥陀仏である。

にもかかわらず、大抵の人がフレディと同じように、自分は自主独立だと錯覚している。阿弥陀仏とは関係なく、自分の力で存在し、思い、行動し、喋っていると誤解している。

自主独立だと迷っている。信を得るとは誤解が解けることであり、迷いから覚めることである。

人の誤解が解け、迷いから覚めること自体も、もちろんその人の力でそうなるのではない。思う、行動する、喋るなどと同じように、これも阿弥陀仏の為す業である。

実はこのわれわれの誤解ほど頑強なものはなく、その頑強な誤解を砕くためにこそ阿弥陀仏の働きがある。

『教行信證　信巻』の冒頭の別序（四六〇頁）に、

それおもんみれば、信楽《しんぎょう》を獲得《ぎゃくとく》することは如来選択《せんじゃく》の願心より発起す。

と言われている。「今よくよく考えてみると、私が信心を得たということは、決して私の自力で得たものではなくして、阿弥陀如来が衆生を救うために選択された如来の本願の願心から起こったものであることがわかる」という意味である。つまり、自分の力で信を得るのではないということである。先に述べた六字釈のとおりである。

あなたの右手が本のページをめくったとする。それは右手の勝手な行為ではない。あなたが右手をしてページをめくらせたのである。同じように、私の帰命は阿弥陀仏が私にそうさせているのである。衆生をして帰命させるその働きこそ阿弥陀仏だと言うのである。「阿弥陀仏はその行なり」と言うのはそのことである。衆生に帰命させるべく働きかける作用以外、阿弥陀仏など存在しない。

手袋をはめた手が動くとき手袋が動く。表面上は手袋が動いているが、その動きの本質は手の動きである。同じように、信は確かに衆生の信であるが、その本質は阿弥陀仏の働きである。阿弥陀仏と衆生が一体で、阿弥陀仏の働きが衆生に現れる。それを廻向と言う。阿弥陀仏の働きかけとわれわれの信は、同じものの二面だと言うのである。

四、阿弥陀仏の私に対する働き

間違えてはいけないのは、それまでなかった阿弥陀仏の働きかけがあるとき突然現れて、その瞬間にたちまちにして信が生まれるというのではない。フレディはある日突然、紅葉するのではない。春に芽を出し、夏に大きく成長し、栄養分を蓄えて、そして秋にやっと紅葉できる。それはすべてフレディがそうしているのではない。たとえフレディが頑強に緑色を維持しようとしても、楓の木が一つひとつ条件を整えながら、秋に紅葉させるのである。フレディが紅葉するのは、楓の木のたゆまぬ働きの積み重ねの現れである。

同じように、私の一切の言動や思考活動はすべて私が信に至るための一歩一歩であり、同時にそれは私をして信に至らしめる阿弥陀仏の一歩一歩である。阿弥陀仏は、私の一切の言動や思考活動が私の帰命に辿り着くまで働き続けてくださっている。

つまり今、私をして私たらしめている働きが阿弥陀仏である。人間はすべて、いや一切の衆生は信への途上にある。阿弥陀仏は十劫の昔から、あらゆる衆生に対して働き続けていた。『教行信證　行巻』（一六九頁）に、

仏の本願力を観ずるに、遇《もうあ》ふて空しく過ぐる者なし。

とあるように、本願力に出遇ったのに空しく過ぎることがないよう阿弥陀仏が働き続けてくださる。

今少し考えてみただけでも、私が信を得るには私特有の無数の条件と順序が必要であったに違いない。阿弥陀仏は一刻も休まず、その条件を一つずつ整える作業を続けてくださっていた。それは私が人間としてこの世に生まれたときから始まったものではない。遥か昔から、いわゆる無始以来、私の主体が輪廻転生を繰り返していた間、一刻も休むことなくである。にもかかわらず私は愚鈍にも、かたくなに目覚めず、迷いの中にいた。私が魚

であったとき、トンボのような虫であったとき、犬や猫のような畜生であったときがあったとしたら、私の第六識は阿弥陀仏の働きに見向きもしなかったに違いない。そして人間としてこの世に生まれてからでさえ何十年も阿弥陀仏の光明の懐の中で温め続けられ、名号に促され続けて、今やっと、ついに、私の信の芽が地表に現れた。

この信の芽の一歩前の種とも言うべきものを、「信心の業識《ごっしき》」と言う。阿弥陀仏の働きかけを受ける衆生の側の構えである。『教行信證　行巻』（三三九頁）にはこのようにある。

徳号の慈父ましまさずば能生の因闕《か》けなむ。光明の悲母《ひも》ましまさずば所生の縁乖《そむ》きなむ。能所の因縁和合すべしといへども、信心の業識にあらずば光明土に到ることなし。

父と母から子どもが生まれるように、名号の父と光明の母から信心という子どもが生まれると言う。どちらが欠けても信は生まれない。また父と母の因縁の和合があっても信心の業識がなければ信は生まれない。犬や猫など少なくとも人間以外では信心の業識はあり得ない。人間として生まれても信心の業識は奇跡的である。それでも光明は温め続け、徳号は「目を覚ませ」「信を得なさい」と呼びかけ続けてくださった。

かくして信を得て、誤解が解けてみると、私はすでに阿弥陀仏の懐の中である。阿弥陀

仏と一味となって、阿弥陀仏の為すがままになっていることが明瞭にわかる。私の母親は、

ながながと　迷いの夢に　うなされて　さめて嬉しや　親の懐

と短歌に詠んだが、全く同感である。「目覚めれば　弥陀の懐」である。覚めてみてやっと、これまでが途方もなく永い悪夢だったとわかり、またその間、一時たりとも見放されることなく、阿弥陀仏の懐の中で育まれていたとわかる。目を開けるのも私が開けたのでもない、阿弥陀仏に開けてもらったのである。阿弥陀仏に目を覚ましてもらったのである。

『教行信證　信巻』（五二七頁）に、

おほよそ施したまふところ趣求《しゅく》をなす、またみな真実なり。

とある。阿弥陀仏が廻向してくださいますところのものはすべて、そのまま凡夫の浄土へ往生したいという信の働き（願生心）になると言うのである。阿弥陀仏の行が真実である限り、それがそのまま私の上に現れて成り立つ私の阿弥陀仏を求める心、願生心も真実だと言うのである。「またみな真実なり」が重くありがたく思われる。

そこでは私が南無阿弥陀仏になっている。「南無阿弥陀仏」と称えるところには、六章五節で説明したように阿弥陀仏と私の関係が、つまり阿弥陀仏に抱き込まれている私が明らかになっている。そういう称名を南無阿弥陀仏と言うのである。だから「南無阿弥陀仏」と一回称えると救われると言うのである。むしろ救われている自分を発見してそこに出てくる言葉が、南無阿弥陀仏という称名と言うべきかも知れない。

五、現実世界における阿弥陀仏の働き

衆生すべてが信を得るまで阿弥陀仏が働きかけ続けてくださることについて、もう少し述べてみよう。

阿弥陀仏は十劫という天文学的数字が示す永遠の昔に成仏し、以来、阿弥陀仏は一刻も休まず、生きて働き続けていると言われている。

阿弥陀仏が成仏したとは、阿弥陀仏と衆生の間に木と葉っぱのような関係が成立したということである。働き続けているとは、その事実を、「つたなく今日まで知らずして空しく流転しける」一々の衆生に「目を覚ましなさい」と働き続けているということである。楓の木がフレディに秋に紅葉するように働きかけ続けるように、阿弥陀仏は「お前は自主

独立ではない、阿弥陀仏と一体なのだ」「お前は南無阿弥陀仏の状態にあるのだ」と諭し続けていてくださる。

『教行信證　行巻』（九三頁）に、諸仏称名の願、諸仏咨嗟《ししゃ》の願とも呼ばれる十七願が引用されている。十七願とはまた大悲の願とも呼ばれる。今言うところの、われわれに対して働きかけ、呼びかけ、諭し続けようという願である。

たとひわれ仏を得たらむに、十方世界の無量の諸仏ことごとく咨嗟してわが名を称せずば、正覚を取らじ。

「たとえ私が仏になったとしても、もしすべての諸仏が皆誉め讃えて、自分の名前を称讃してくれなければ、自分は仏にならない」という意味である。そして、この願文に続いて重誓偈の第三の誓いが引かれている。つまり、

われ仏道を成らむに至りて、名声十方に超えむ。究竟して聞こゆるところなくば、誓ふ、正覚を成らじ。（『教行信證　行巻』九四頁）

そしてさらに、

衆《しゅ》のために宝蔵を開きて、広く功徳の宝《ほう》を施《せ》せむ。常に大衆《だいしゅう》の中にして説法師子《しし》吼《く》せむこと。（同）

とある。「もし私が仏になったとき、その名声が十方に超えて究竟してどこまでも聞こえないようなところがあるなら、私は誓って仏にならない」「すべての衆生のために宝の蔵を開いて、功徳の宝をあたえよう。そのため大衆の中で常に説法獅子吼しよう」という意味である。説法獅子吼するとは、大声で、威厳をもって、皆に響き渡るように説法することである。

星野元豊氏はここのところを『浄土の哲学』（一二九頁）の中で解説しておられる。

ここで功徳の宝と言っているものは、名号であり、この名号を大衆の中で説法獅子吼するということ、それが十七願の目ざしているところだと解せざるを得ないであろう。とすれば、十方の無数の諸仏如来が名号を咨嗟し、称名するということは、言葉を換えて言えば、諸仏が名号を説法しているということであり、それは、法蔵が大衆の中で説法獅子吼せん、といったことの具体的現実にほかならない。

つまり私たちはそれぞれ、阿弥陀仏の本願の働きの真っ只中にあるということである。衆生に信を得させるための働きの真っ只中である。逆に私を取り巻く現実世界のさまざまな現象はすべて諸仏の名号の説法である。地球が回るのも、地震や台風があるのも、鳥が鳴き、花が咲くのも、人間が戦争をするのも、経済活動をするのも、政治も、教育も、文化も、とにかくこの世の森羅万象すべて、阿弥陀仏の名号の説法の現れである。私に、そしてあなたに信を得させるための働きの現れである。「念仏せよ」の説法である。私たちはそんな大合唱の中にいる。

大合唱の中にいると言うと、合唱は私を取り巻く私の身体の外部のものと考えがちである。もちろんそれらもすべてそうであるが、「念仏せよ」の説法は身体の内部からも呼びかける。身体の内部からも獅子吼されている。心臓が鼓動するのも、腎臓が尿をつくるのも、赤血球が酸素を運ぶのも、眼が視覚的に物をとらえるのも、胃や腸が食物を消化し栄養分を吸収するのもすべて、信を得させるための阿弥陀仏の働きでないものはない。お腹がすくのも、怒りがわいてくるのも、病気になるのも、それが治るのも同じである。「念仏せよ」という説法の大合唱は、身体の外からも中からもである。諸仏とは何もかもということである。私やあなたに信を得させるべく働くから仏である。何もかもが仏である。仏でないものはない。それで「十方恒砂《じっぽうごうじゃ》の諸仏」（『教行信證　行巻』九五頁）、つまり「十方にまします諸仏、ガンジス河の砂の数より多い無量の諸仏如来」（『講解教行信證　教行の巻』九五頁）と言われるのだと思う。

また、『仏説無量寿経　巻上』発起序に、

如来……世に出興す所以は道教を光闡《こうせん》して、群萌《ぐんまう》を拯《すく》ひ恵むに真実の利を以てせむと欲《おぼ》してなり。（『浄土真宗聖典　註釈版』九頁）

と述べてあるのも、『一念多念文意』のこの文を解説した箇所、

如来と申すは諸仏を申すなり。（『浄土真宗聖典　註釈版』六八九頁）

を併せ読むと、如来とは諸仏のことで、「諸仏が世に出現されたそのわけは、教えをひろめて、迷いの衆生を救わんがために真実の利たる名号を与えようと思われたからにほかならない」という意味であることがわかる。世の中何もかもが、あなたや私に南無阿弥陀仏

を説法しているということである。

しかし大抵の凡夫の耳には、その大合唱となっている「念仏せよ」の説法がなかなか届かない。聞こえていても全く無頓着に聞き流している。あるいは人は、諸仏の説法に対しては強力な耳栓をしているようなものである。

いわゆる順風満帆の人生の中にあっては、凡夫の耳栓は外れそうにない。前にも述べたが、王舎城の悲劇という有名な物語がある。阿闍世というどら息子王子が、調達《じょうだつ》という悪友にそそのかされて父親の王を殺し、王妃でもあり母親でもある韋提希夫人を牢に閉じ込めさまざまな危害を加える。しかし韋提希夫人はそれによって初めて釈迦の教えを求め、ついに信を得ることができた。『教行信證　総序』（一五頁）に、

しかれば則ち、浄邦《じょうほう》縁熟して、調達・闍世をして逆害を興ぜしむ。

とある。「いよいよ浄土を説く機縁は熟した。調達は阿闍世をそそのかして、父親や母親についに逆害を加える王舎城の悲劇を起こさせられた」という意味である。韋提希夫人が信を得るには、放蕩息子の並外れた親不孝、反逆行為が必要だったということである。阿闍世の親不孝は、その方法、その時期も含めてすべて、韋提希夫人に信を得させるための

阿弥陀仏の働きであったと言うのである。

法蔵の誓った説法獅子吼は、阿闍世の親不孝としても働いていた。阿闍世の親不孝はそれだけで終わらない。そんな遥か昔の遠いインドの親不孝事件が、千年近く前に親鸞に信を得させ、その後今に至るまで、インドから遠く離れたこの日本で、われわれに信を得さ せるべく働いている。王舎城の悲劇という説法は、現在の日本のわれわれに対する説法としても響いている。なるほど説法獅子吼である。

一般に多くの愚鈍な凡夫が耳栓を外すには、いわゆる悲劇的事態が不可欠のようである。大抵の凡夫は悲劇的事態を契機としなければ、仏教に目を向け、耳を傾け、信を得ることができないように見える。そんな意味において、病気も老いも身近な人の死も、すべて阿弥陀仏からわれわれに対する「信を得なさい」という説法である。病気も病人も、死もかけがえのない立派な意味がある。大抵の凡夫が忌み嫌うほどであるがゆえに、それだけ大切な意味がある。私たち医療者が日夜闘っている相手の生老病死の本質的意義は、ここにあると思っている。一章で述べた病気の肯定的意味についての疑問の答えである。

親戚の七十五歳の医者の胃がんが進行し、お腹全体に増大した。九十五歳の父親が見舞いに来て、二人でお腹の上からその大きながんをなでながら、「これも聞かせて貰えということよ」「阿弥陀さんの説法の声を聞けということよ」「そうよ、そうよ」と話したということであるが、がんとて阿弥陀仏の呼び声なのである。

　病気や老い、死などは自己の破綻である。この危機が大きければ大きいほど、今までの基準とは全く別次元の基準でなければ解決しない。人はこの、身の破綻という大危機に差しかかって、否応なしに別次元への転換を迫られる。王舎城の悲劇と同様に、危機は阿弥陀仏によってつくられた大仕掛けである。ここに至って阿弥陀仏の呼び声が聞こえてくる。たった一つの逃げ道が信を得ることである。もちろん、このような大危機なくして信を得る宗教的天才や、超幸運な人もいるかも知れない。しかし、それは例外中の例外ということであろう。

　大転換してみると、目覚めてみると、信を得てみると、遥か彼方にあったはずの阿弥陀仏は、私の足元から私をすっぽり包み、私は完全に阿弥陀仏と一体化されている。そこが浄土である。「目覚めれば、弥陀の懐」である。

九章　人生は信を得るためにある

このように考えてくると、人が生きることの意味が了解できる。人が生まれ、生き、そして死ぬ間になさねばならぬこと、それは信を得ること、正定聚として生きることであることが了解できる。親鸞の浄土真宗は信を得ること、浄土に往生することこそ人生の目的であると教えている。

一、いざ去なん、魔郷にはとどまるべからず

『教行信證　真仏土巻』（一六一八頁）には善導の文が引用されている。

西方寂静無為《じゃくじょうむい》の楽《みやこ》は畢竟逍遥《しょうよう》して有無を離れたり。大悲心に薫じて法界に遊ぶ。分身《ぶんしん》

して物を利すること等しくして殊《こと》なることなし。帰去来《いざいなん》、魔郷《まきょう》には停《とど》まるべからず。曠劫《こうごう》よりこのかた六道に流転して、ことごとくみな逕《へ》たり。到るところに余の楽《たのしみ》なし。ただ愁歎《しゅうたん》の声を聞く。この生平《しょうびょう》を畢《お》へて後、かの涅槃の城《みやこ》に入らむと。

大体の意味は以下のとおりである。「西方の極楽浄土は作為造作を離れた絶対寂静の無為自然の都である。弥陀の大悲はその国に生まれる人々の心に薫じて、十方の法界に遊戯して、一時に諸方に現れてあらゆる衆生を利益するのにみな平等である。さあ、帰ろう。このような悪魔の娑婆に恋々と留まるべきではない。これまで曠劫の昔から迷いの六道の世界を流転してあらゆる所を巡ってきたが、どこに行っても別に楽しみはなかった。ただ愁い嘆く声ばかりを聞いた。この一生を終えた後は涅槃の都に行きたいものだ」。

星野元豊氏も、「大悲の心に薫じる」のも、「分身して物を利する」のも正定聚として生きることだとされている（『講解教行信證　真仏土の巻』一六一九頁〜）。つまりこの一文は信を得て、正定聚として生きるべきだということである。

人生の目的は信を得ることである。念仏である。言葉を換えて言えば現生正定聚として生きることである。つまり南無阿弥陀仏、念仏に生きることである。全宇宙には阿弥陀仏というたった一つの永遠の生命体があって、自分はその阿弥陀仏と一体であることを悟り、信じ、喜ぶことである。それだけではない。現生正定聚は何一つ無駄のない衆生救済を行っている。これほどの喜びはないではないか。

正定聚はこのように恵み豊かで喜びに満ち溢れているというだけではない。正定聚は人間本来の在り方である。真実の人間の姿である。たとえば壮年が幼児のように生きるのはおかしい。壮年は壮年として生きるのがあるべき姿である。それと同じで、人間は正定聚として生きるのが真の姿である。理想論ではない。客観的事実に基づいた当たり前の姿である。それ以外は虚仮であり、不実であり、偽りの姿である。

だから、『教行信證　信巻』（八七四頁）には、他力金剛の信を得た信者のことを真の仏弟子と言い、釈迦や諸仏如来の弟子だと褒めている。真の仏弟子とは阿弥陀仏に抱き込まれている状態を心底喜ぶもので、我が（釈迦の）善き親友だとも、広大勝解者《こうだいしょうげしゃ》（広大なすぐれた見識を持った者）だとも、また分陀利華《ふんだりけ》（白蓮華）と言うべきすぐれた人だとも（『教行信證　信巻』八五三頁）、あるいは、好人、妙好人、上上人、稀有人、最勝人とも（『同』五〇〇頁）、とにかく最高の人間とされている。

二、医療は念仏の助業なり

親鸞のいわば師匠である法然上人の『和語燈録略抄』には次のようにある。

現世の過ぐべき様は、念仏の申されんやうに過ぐべし。念仏の妨げになりぬべくは、何なりとも、よろずを厭ひ捨て、是を止むべし。謂く聖《ひじり》で申されずば、妻を儲けて申すべし。妻を儲けて申されずば、聖で申すべし。住所にて申されずば、流行《るぎょう》して申すべし。流行して申されずば、家に居て申すべし。自力の衣《い》食《じき》にて申されずば、他人に助けられて申すべし。他人に助けられて申されずば、自力の衣食にて申すべし。一人して申されずば、同朋《どうぼう》と共に申すべし。共行《ぐぎょう》して申されずば、一人籠居《こもりい》て申すべし。衣食住《いじきじゅう》の三つは念仏の助業なり。（『昭和改訂　真宗聖典』一〇八九頁）

人生の意味はここにあると思う。法然上人も、人が食べ、寝、働き、休むなど、人間に生まれ人間として生きるのは、すべて念仏のためだと教えているのである。

そこでは、病気治療の理由も簡単に念仏に落ち着く。病気を治したり、命を延ばすのは人が信を得るための手段であることになる。つまり医療は念仏のためである。「医療は念仏の助業なり」である。病気治療は、患者さんにとっても、家族にとっても、あるいは医師や看護師など医療提供者にとっても、信を得るためである。最初に述べた「なぜ治療するか」の私の答えである。

前章でも述べたように、そもそもこの世は、ガンジス川の砂の数ほどの諸仏が「迷いから目覚めなさい」「信を得なさい」と説法している構造になっている。病気治療だけではない、人の生老病死すべてが本人や親族・友人などあらゆる人への説法である。病気も戦争も、地震や台風などの災害も、平和、好景気も説法である。いわゆる幸運も不運も、みなそうである。信を得るために障害になるものは何一つない。それどころか人が信を得るために、導いたり後押ししてくれるものばかりである。

三、人に生まれたのは絶好の機会

そのような思いを持って『教行信證』冒頭の『総序』(一四頁)を読むと、胸が熱くなる。胸が高鳴る。一字一句が身に沁みるが、

もしまた、このたび疑網《ぎもう》に覆蔽《ふへい》せられれば、更《か》へてまた曠劫を逕歴《きょうりゃく》せむ。（『教行信證総序』一二九頁）

の一文には身が引き締まる。星野元豊氏は次のように訳しておられる。「もしこのめぐりあった好チャンスに信仰の眼がくもらされて、一厘の疑いでもさしはさむようなことがあるとすれば、それこそ未来永劫、再びまた迷いに迷わねばならないであろう」と。まことにそうである。

今たまたま人間としてこの世にあるが、これは全くの偶然で、この次に人間に生まれるのは一体、何万年先、何劫先のことかわからない。千載一遇どころではない。本当にまれなこの絶好の機会を逃す手はない。今人間に生まれている間に信を得なければならない。この世に、カエルや魚として生まれている間に「信を得ろ」と言っても、それは到底かなわない。牛や馬に「念仏せよ」と訴えても到底届かない。それこそ「馬の耳に念仏」である。もし信を得ることができるとしたら、それは人間としてこの世に生を享けている間以外あり得ない。

あるいは『教行信證　行巻』（二〇三頁）には、

寿夭《じゅよう》して保ちがたし。呼吸のあいだに即ち是来生なり。一たび人身を失ひつれば万劫にも復せず。此の時悟らずば、仏もし衆生をいかがしたまはむ。

と述べられている。「人の命は保ち難く、中折れしてしまうこともある。人の命は出る息入る息の間である。死ねばはや未来である。一たびこの人身を失えば万劫を経てもかえることはない。今この時、思いあきらめ悟らなければ、仏といえども衆生を如何ともなされようがないであろう」（『講解教行信證　教行の巻』三〇四頁）という意味である。

また、蓮如上人の「白骨の御文章」はよく知られているが、物心つく頃から子どもながら何となく印象深いものであった。

それ、人間の浮生《ふしょう》なる相をつらつら観《かん》ずるに、おほよそはかなきものはこの世の始中《しちゅう》終《じゅう》、まぼろしのごとくなる一期《いちご》なり。さればいまだ万歳《まんざい》の人身《にんじん》を受けたりといふことをきかず、一生過ぎやすし。いまにいたりてたれか百年の形体《ぎょうたい》をたもつべきや。われや先、人や先、今日ともしらず、明日ともしらず、おくれさきだつ人はもとのしづくすゑの露よりもしげしといへり。されば朝《あした》には紅顔《こうがん》ありて、夕べには白骨となれる身なり。すでに無常の風きたりぬれば、すなはちふたつのまなこたちまちに閉ぢ、ひとつの息ながくたえぬれば、紅顔むなしく変じて桃李《とうり》のよそほひを失ひぬるときは、六《ろく》親眷属《しんけんぞく》あつまりてなげきかなしめども、さらにその甲斐あるべからず。さてしもあるべきことならねばとて、野外におくりて夜半《よわ》の煙《けぶり》となしはてぬれば、ただ白骨のみぞのこれり。あはれといふもなかなかおろかなり。されば人間のはかなきことは老少不《ふ》定《じょう》のさかひなれば、たれのひともはやく後生《ごしょう》の一大事を心にかけて、阿弥陀仏をふかくたのみまゐらせて、念仏申すべきものなり。あなかしこ、あなかしこ。（『浄土真宗聖典　註釈版』一二〇三頁）

人間に生まれている間に念仏すべきだが、人間の一生は本当に短い。悠長に構えている暇はない。早速に念仏すべきことを切々と説いた言葉である。

親鸞の浄土真宗は、「人生は信を得るため、念仏のためだ」と教えていると納得できる。

参考文献

星野元豊『講解教行信證　教行の巻』（法藏館、昭和五十二年）
同『講解教行信證　信の巻』（法藏館、昭和五十三年）
同『講解教行信證　信（続）証の巻』（法藏館、昭和五十四年）
同『講解教行信證　真仏土の巻』（法藏館、昭和五十六年）
同『浄土の哲学　続『浄土』』（法藏館、昭和五十四年）
真宗聖典編纂委員会『浄土真宗聖典　註釈版』（本願寺出版部、昭和六十三年）
結城令聞監修『現代語訳　親鸞全集　第二集　書簡』（講談社、昭和四十九年）
濱口惠璋編纂『昭和改訂　真宗聖典』（興教書院、昭和三年）

あとがき

十年来の作業にやっと目途がついた。拙いものだが、これでも私には身に余るほどの重荷だった。考えてみると、本を書くなど身の程知らずの無謀な挑戦だったのかも知れない。取り掛かってあっという間に十年が過ぎてしまった。それでも何とかここまで辿り着いた。作業が完成に近づくにしたがって、でき上がった本を今は亡き母に見せることができたらどんなに喜んでくれるだろうと何回も思った。私は小児科医として多くの難病の子どもたちに関わってきた。ハッピーエンドの患者さんも数多くあったが、努力の甲斐なく悲惨で、残酷な結果に終わる場面にも幾度となく遭遇した。あどけない子どもたちの理不尽な現実をどう受け止めてよいか途方に暮れた。そんなとき、親鸞の教えを求めようとしたのは、何よりも母の影響だったと思う。

そこで、何冊かの親鸞の書物に接した後、たまたま星野元豊氏の著書に出会うことができた。しかし、それも最初は手も足も出ない代物だった。何度も放りだそうかと思った。その度にすでに亡くなった子どもや、今難病に喘いでいる子どもたちが、「宝物を捨てるな」

と叱咤激励してくれているように思えた。そしてまたしても重い腰を上げて読み直す。それの繰り返しだった。

諦めなくてよかった。数年後、はっとわかるようになった。答えが見えてきた。念仏の道が開けてきた。当地は片田舎で聞法の機会も縁遠く、仏法を語る相手はほとんどいない。でも氏の著書はいつも傍らで私を導いてくれる。親鸞の声がかすかに聞こえるような気がする。氏の著書に出会わなかったら到底ここまで来ることができなかったに違いない。

振り返ってみるに、親鸞の教えに巡り合えた私の人生は、誰の人生にもまして幸運であったと思う。私のまわりのすべてが私を念仏に導く諸仏で、不要なものは何一つなかったはずであることは、よくわかっている。しかし、私の母と私が関わった患者さんたち、それに何よりも星野元豊氏の著書には、とりわけ大きな恩を感じている。その恩に報いるためにも解ったことをどうしても本にまとめたいという思いがあった。

その思いを叶える作業もやっと一段落した今は、「さてこの本が世に出て、一体どう受け止められるだろうか」と期待と不安が入り混じった複雑な気持ちである。読者の皆様の率直な感想など聞かせていただければどんなに嬉しいことだろう。正直なところ、厚かましくも心待ちにしている。

最後になったが、法藏館の方々にお礼を述べなければならない。私の読んだ星野氏の著書はすべて法藏館から出版されている。それで執筆を始めた頃から、この本を法藏館から出版してもらうのが夢だった。そんな訳で無理を承知で強引にお願いした。ありがたいことに受け入れてもらうことができた。結果、編集部の方々、とりわけ田中夕子氏には、多大なご負担をかけることになった。面倒な編集作業を粘り強く続けて、稚拙な原稿を一冊の本にまとめ上げて頂くことができた。並々ならぬご尽力に心から感謝申し上げる。

平成二十二年春

著　者